INGEZONDEN

John Baselmans

Curaçao, 2008
Second edition 2010

This book is written by
John Baselmans

Photos and illustrations are from the hand of
John Baselmans

With thanks to all those people who are supporting me.

ISBN 978-1-4092-1936-1

Ingezonden

Dit is een boekje waar de "ingezonden stukken" staan die ik geschreven heb in de afgelopen 13 jaren. Helaas zijn de oudere stukken veelal verdwenen of geschreven in files die niet meer zijn te openen met de huidige computer programma's. Toch heeft me dat niet weerhouden alle geplaatste en niet geplaatste stukjes in dit boekje op een rijtje te presenteren. Verder wil ik de volgende dagbladen bedanken voor de wel geplaatste stukjes; Amigoe, Beurs en Nieuwsberichten, Antilliaans Dagblad, Extra en Ultimo Noticia. Al merk je dat er een grote voorzichtigheid is onder hen. De minuut dat je grote bedrijven of zeer machtige mensen op hun handelswijze aanspreekt, worden deze stukjes doorgaans niet geplaatst. In mijn ogen is dat nog steeds een beperking van vrijheid van meningsuiting. "Democratisch en vrij land" daar blijf ik vraagtekens bijzetten. Maar ik heb een troost, geen een land op deze wereld kent werkelijke vrijheid van meningsuiting en vrijheid het leven te leven zoals het zou behoren. Nog steeds is de hele maatschappij niets meer dan een circus waar alles en iedereen gemanipuleerd wordt. Wetten en regels zijn er louter en alleen voor diegenen die geen weg weten om die te omzeilen of aan te vechten.

Ik wens u veel leesplezier en al zijn veel stukjes over negatieve daden van zowel bedrijven, overheid als personen, toch leven we nog steeds op een geweldig eiland waar in ieder geval veel mogelijk en zeer zeker niet saai is.

John Baselmans

Inhoudsopgave

November 1995

Wakker Worden!

Wat zijn we weer allemaal druk bezig. Ouders die zoveel dingen aan hun hoofd hebben dat ze nauwelijks weten waar hun thuis is. Dhr. Cova en Chong over hun tickets. Dhr IJs om geld te verzamelen voor ons land. De L.R.D. om 10 minuten klassiek per uur op de radio terug te krijgen. Politiemacht die elke letter van de wet aan het uitvoeren is. De politici die dagelijks in elkaars haar zitten enz. Maar zijn we niet een beetje kortzichtig en dom bezig? Denkt u de Antillen zo te redden van hun ondergang en criminaliteit? Toch vergeten we een zeer belangrijk punt hier en dat zijn onze kinderen, ons eigenwaarde en mens zijn. Wat maken we ons toch druk en verspelen we energie om nodeloze en minder belangrijke dingen. Is het zo belangrijk om andere mensen "recht" te zetten of op hun "puntjes" te zetten? Maar onze kinderen, onze jeugd wat zien ze nog ; Vechtende ouderen, verwaarloosde mensen en een mens die totaal geen waarde meer kent. Triest dat deze kinderen niets beter meer weten en zien dan dit. Kinderen die totaal aan hun lot worden overgelaten. Kinderen vanaf 11 die met baby's rondlopen. Kinderen totaal verwaarloosd in hun opvoeding en scholing. Kinderen schreeuwend om hulp, liefde en aandacht. WAAR ZIJN WIJ VOLWASSENEN? WAAR ZIJN WIJ MEE BEZIG? Hebben onze kinderen geen recht op; Liefde van hun ouders, warm eten, een schoon bed, goede scholing, veel aandacht en begrip? Jammer dat wij volwassenen ons gedragen als vechtende beesten om een bot. Waar is ons "ras" mens gebleven (liefde, begrip, saamhorigheid)? Laten we ons eens druk gaan maken over belangrijkere dingen. Laten we onze jeugd ook een toekomst geven, een goede toekomst. Laten we weer een voorbeeld voor hen zijn. Kom wordt wakker!!

Laten wij leiders (politici, ouders) weer een voorbeeld zijn voor onze kinderen / jeugd!

Kinderen /jeugd die schreeuwt, schreeuwt om HULP!

Mei 1996
Dierenbescherming?

Sedert enkele dagen hebben we hier op Curaçao een show van div. dieren o.a. Dolfijnen. Elke dag als ik er langs loop of rijd vraag ik me af waarom de dierenbescherming niets onderneemt, en dit zomaar voorbij laat gaan!! Hier is, mijns inziens, sprake van zware dierenmishandeling. Dolfijnen die in een klein gat in de grond zonder bescherming tegen de zon leuke kunstjes moeten uithalen voor een publiek dat ook nog hiervan kan genieten. Nog maar niet te spreken over het vervoer naar Curaçao, wat een hel moet zijn voor deze dieren.

Triest, zeer triest dat dit soort attracties nog geaccepteerd en goedgekeurd worden en naar Curaçao worden gehaald. Hier is een taak weggelegd voor de dierenbescherming. Mensen, wordt wakker. Zijn er geen mensen die ook zo hierover denken? WAAR ZIJN ONZE DIERENVRIENDEN? WAAR BLIJFT JULLIE STEM?

Informaties inwinnen, een te moeilijke zaak?

Een kleine opmerking aan het adres van de heer Theunissen.

Meneer Theunissen als u zich beter op de hoogte had willen stellen door bijvoorbeeld bij de Dienst der Posterijen om info te vragen, had u kunnen weten dat ik een opdracht heb uitgevoerd, niets meer en niets minder en dat ik niet betrokken ben bij keuze en teksten van postzegels. Ik vind het een prima zaak dat u een pitbull fan bent en dat u uw kennis hierover wilt spuien, maar persoonlijk ben ik niet geïnteresseerd in echte rashonden, waarbij ondanks alle internationale wetten nog steeds in het geniep door particulieren de oren van diverse rashonden worden gecoupeerd.Ook op Curaçao, zoals u wel weet!

Meneer Theunissen, ik vind het jammer dat mijn ingezonden stuk van een aantal jaren geleden nog steeds frustraties bij u oproept, terwijl mijn bedoeling toch duidelijk bij het welzijn van dieren in het algemeen lag en nog steeds ligt. En dat welzijn is voor mij het belangrijkste. Ik hoop dat, dat het ook voor u zo is.
Overigens, sans rancune.

Augustus 1998
Wandelen een sport voor iedereen

Wandelen; sport, ontspanning of competitie?
Wandelen, een vorm van recreatie?
Allemaal vragen die we op vele manieren kunnen beantwoorden.
Gaan we de geschiedenis na dan kun je wel stellen dat het de oudste

14

vorm van sport, (cq bewegen) is in de evolutie van de mens. Niet wandelen of lopen betekende in het bestaan van de mensheid geen eten op tafel en dat zou betekenen geen voortbestaan van het menselijk ras. In de loop van de evolutie van de mens zijn we allerlei manieren gaan bedenken om met zo min mogelijk lichamelijke inspanning om sneller en verder te verplaatsen. Met alle gevolgen van dien: We werden steeds luier en we staan nog maar nauwelijks op onze benen. Benen die ons moeten dragen en die we toch zo hard nodig hebben. We krijgen door het minder bewegen steeds meer ziekten als gevolg van ons luie gedrag. Vele lichamelijke klachten en maar naar de dokter voor weer een pilletje. Dit verhaaltje is niet verzonnen maar is realiteit en heb ik ook zelf meegemaakt. Na zeer actief gesport te hebben in Nederland ben ik 16 jaar geleden naar Curaçao gekomen en deed buiten de verbouwingen aan mijn huizen niets aan sport. Mijn werk is ook zitten achter de tekentafel of achter de pc en de enige afstanden die ik aflegde waren van mijn slaapkamer naar woonkamer(werk) of naar de keuken en naar de porch.

Je ziet het al zeer atletisch en ik was zelf onder de indruk dat ik dit allemaal aankon! Goed lichamelijke problemen kwamen dus natuurlijk om de hoek kijken en +/- 3 jaar geleden ben ik aan het wandelen geslagen. Elke morgen 10 km en op zondag een langere loop van +/- 20-30 km. Ondertussen ging ik ook wandeltochten lopen en de eerste die ik meeliep was de twee daagse 2X 15km. Voor mij een hele prestatie want ik kon niet geloven dat een oud, dik en log lichaam (41 jaar) nog zoiets kon uitlopen. Toch een bewijs dat wilskracht verstand kan overwinnen. Het loopvirus was zich definitief gaan nestelen in mijn lichaam en de drang kwam om te kijken of ik langere afstanden vol kon houden, diende zich aan. Na de kabrieten (55km) was er voor mij geen grens meer en zo ben ik tot op heden door gegaan om langere (kennedymars 80km en vierdaagse 200km) en sneller de afstanden te lopen met goede afloop. Nu zijn mijn volgende goals (marathon curaçao 42km en de dodenmars België 100km in 1dag). Telkens ontstaat er een conflict tussen je verstand (dat mij overigens niet serieus neemt) en je doorzettingsvermogen c.q. je wil.

Hier kom ik dus ook even op het artikel wat Dhr. Offringa heeft geschreven in ons vorige nummer. Het plafond waar u het over heeft is wel degelijk van toepassing in de wandelsport maar de doelen bepaal je zelf. Je kunt ook lopen met de gedachte "als ik maar de streep haal". Dit betekent dat je, je plafond niet zult halen. Ik kan wel stellen dat ik diverse malen de hel en alle plafonds gezien heb die er maar te zien zijn!! Het is je doel, je instelling en je wil, datgene wat je wilt beleven en wilt bereiken. Daarom heb ik u ook uitgenodigd om eens met ons een rondje te gaan "wandelen" waar u en ik zeker samen het plafond van de wandelsport zullen beleven. Ook horen we de opmerking nog wel eens van "och wandelen, een sport voor afgeschreven lopers of oude versleten mensen die ook nog iets willen!" Vele rapporten en artsen denken er anders over en wandelen (niet slenteren) is zeker niet minder dan lopen. Lopers doen +/- 90 min over 22 km; wandelaars gemiddeld 180 min. Dat betekent dat wij langer op onze benen staan, we moeten ons lichaam trainen om langer inspanningen te laten verrichten en het lichaam voorhouden dat "onze grote vriend". de zon, niet zo erg heet is. Waarom zien hardlopers zo erg tegen de marathon op? Natuurlijk, want dan worden zij ook geconfronteerd met afstand, zon en lange concentratie en zelfs grote innerlijke conflicten! Dit is wat wij wandelaars elke loop meemaken, elke loop zijn we aan het vechten tegen ons gezond verstand.

Kijk, misschien open ik hier een grote "welles / nietes" discussie maar dat is niet de issue. Laten we eerlijk zijn, we zijn ALLEMAAL bezig gezamenlijk ons lichaam gezond te maken en te houden of dit nu hardlopend, lopend, wandelend of kruipend is, we doen het voor onszelf en niet voor een ander! Een mooie bijzaak is dat zeker onder de wandelaars (over de lopers kan ik niet oordelen) een eenheid bestaat van "laten we aan deze job beginnen en hem tot een goed einde brengen" en de obstakels overwinnen die ons verstand ons oplegt. Gezelligheid, eenheid en veel plezier beleef ik aan wandelen. Wandelen een sport waar ik, en ik denk vele wandelaars met mij, blij mee ben dat Road Runners Club Korsou voor ons openstaat en ons geaccepteerd heeft in hun vereniging. RRCK veel succes en bedankt voor jullie inzet voor ons wandelaars en op mijn steun kunnen jullie in ieder geval rekenen.

(die makamba met de oranje broek)

Augustus 1999

Positieve initiatieven versus Sea Aquarium

Als commentaar lees ik uit een artikel van Sea Aquarium exploitant maar steeds dat positieve initiatieven iedere keer de grond ingeboord worden en tegenwerking krijgen, maar dat hij zich nergens iets van aan zal trekken. Hierop wil ik als volgt reageren. Goede projecten juich ik toe en ik hoop dat die zich volop op ons heerlijk eiland zullen ontplooien. Projecten die tot nu toe uit Seaquarium ontplooid zijn, hebben grote negatieve gevolgen gehad voor onze natuur, onder andere het ongelimiteerd zwart koraal plukken, vissen vangen, de zeeleeuwen, zeehonden en een stuk zee dempen (projecten die vele dierenlevens gekost hebben). En deze projecten zal ik

17

blijven aanvechten zolang ik dat kan. Gelukkig hebben meerdere mensen uw verkeerde voorlichting aan het volk door en weten dat uw plannen anders zijn dan die u naar buiten brengt. Dit blijkt tot nu toe uit mijn oproep in een ingezonden stuk in de lokale kranten. Mijn webpage is binnen enkele dagen ook een feit en dan zullen de nodige reacties ook vanuit het buitenland komen. Gelukkig hebben ook al zeer grote organisaties zich wereldwijd gemeld en dat is voor mij een geruststelling, omdat het wel duidelijk is dat u wel degelijk verkeerd bezig bent.

Nogmaals, ontwikkelaars met goede ideeën die niet koste zijn van onze toch al zeer schaarse natuur, zijn van harte welkom op ons dushi korsou! Het zou heel fair zijn als u met het werkelijke verhaal naar buiten kwam, waarom deze dieren in een bakje worden gezet en hoe het komt dat vele dieren al gestorven zijn in uw aquaria. In afwachting van dat verhaal teken ik met de positieve gedachten dat ook u eens in gaat zien dat dit niet langer toelaatbaar is op ons eiland en in de wereld en dat u misschien een andere richting op moet als ontwikkelaar.

Curaçao "Dolphin Killer Island"

De plannen van de Sea-quarium-exploitant zijn nu aan ieder-een wel bekend. Weer een van de bewuste plannen om zichzelf te verrijken met medewerking van enkele lokale autoriteiten. Dolfijnen in een bakje! Gevangen uit onze eigen zee (deze informatie komt van het personeel van het Seaquarium, namen mag ik helaas niet noemen). Want mocht u het nog niet weten, het zgn. contract met Mexico en elders was hem te duur! Ja daarom stoppen we onze eigen

18

wilde dolfijnen in een bakje. Dolfijnen die tot vandaag nog in hun zee rondzwemmen en speels langs ieder bootje de mensen begroeten als we richting Westpunt of Oostpunt varen. Als dank krijgen zij een bakje water waar ze hun verdere leven in blijven zitten, tot hun dood. Gelukkig voor deze arme dieren zal dat niet lang duren (want daar kan geen bioloog of trainer iets aan doen). Heel erg, en wat doen we eraan? Niet veel! We blijven passieve artikelen schrijven, maar gaan wel elke dag of in het weekeinde trouw naar Seaquarium om hem verder te spekken in zijn scheve bedoelingen en niet al te frisse praktijken.

Ik ben al wat verder gegaan en heb contact gezocht met WWF en WNF om Curaçao op de 'blacklist' te zetten mocht dit plan doorgaan. We hebben een verdrag, maar zelf onze politici trekken zich daar geen snars van aan. Ook ben ik bezig met een website te maken als titel "Curaçao Dolphin Killer Island". Hierop zullen diverse mensen en politici vernoemd worden die zich schuldig maken aan deze morbide praktijken. Ook zal de "natuurliefhebber" geldwolf (gelukkig geen dier) vernoemd worden en zullen we zien hoeveel vissen, koralen, zeehonden een zeeleeuwen de dood (dierenliefhebber hè?)reeds hebben gevonden in zijn aquaria. Mocht u mee willen werken aan deze webpage en verdere acties ondersteunen, dan is financiële steun hier hard nodig. Iedereen weet immers wat een webpagina kost. Ook wil ik via dit artikel iedereen die nog een jaarkaart heeft van Seaquarium oproepen deze zeker niet meer te verlengen en weg te blijven bij deze moordplaats. Dit als steunbetuiging voor onze dolfijnen.

September 1999
Makamba

Vreemd, dat hier op dit multiculturele en multiraciale eiland acceptatie steeds minder wordt, als het gaat om eigen fouten af te schuiven.

Steeds meer anti-makamba-gevoelens worden opgevoerd, vergetend dat die duizenden Antillianen die naar Nederland, als het ware weggevlucht zijn voor de sociale en financiële situatie (zie kranten), ook in hun paspoort de Nederlandse (is Makamba) nationaliteit bezitten.
GAAT HET FOUT ——Makamba's schuld!
GAAT HET GOED —Nos mes por.

Wat jammer nou dat het steeds meer Makamba's schuld is!! Weten die salonracisten niet dat als je aan het verdrinken bent, elke hand die uitgestoken wordt, of het nu van een Chinees of Antilliaan of van een Makamba, zeer welkom is?

Februari 2000
Economie

Momenteel wordt alles verhoogd ten behoeve van onze economie! De economie die ik ken gaat hollend achteruit, dus daar gaat het geld dus zeker niet naar toe!! Praten we misschien hier over de economie (bankrekeningnummers) van onze politici? Toch blijven wij als bevolking dit slikken en zullen daarom deze praktijken doorgang blijven vinden.

Prijscontrole

Met het in gebruik nemen van diverse maatregelen was ons als bevolking beloofd dat er strenge controle zou komen op de prijzen, er was/is zelfs een prijzenstop afgekondigd!! Ondertussen kun je geen winkel meer binnenstappen of je komt met 10% minder boodschappen naar buiten. Prijscontrole waar, waarop? Het laatste bewijs zijn onze frisdranken die niet met centen maar met kwartjes omhoog zijn gegaan. Waar zijn onze controleurs of politici met hun beloften? Of zijn zij diegenen die aandelen hebben in deze bedrijven? "Curaçao, het eiland waar alles mogelijk is wat god verboden heeft".

Suggestie: Laten we de slogan in het buitenland gaan voeren komt er misschien nog één toerist!

Maart 2000
Veilig gevoel?

Zo lang ik op Curaçao woon (19jaar) heb ik een veilig gevoel als ik door de knoek, over de noordkant of door een wijk rijd. Ik kan zeggen dat ik wel ongeveer elke vierkante meter van dit eiland gezien heb. Altijd heb ik in mijn achterhoofd gehad (ja gehad) dat, als er iets is, ik de politie kan bellen om assistentie of hulp. Nu het volgende wat me afgelopen zaterdag is overkomen, dat heeft me echt aan het denken gezet. Om te beginnen woon ik op nog geen 4 straten (nog geen 1km) van politie post Rio Canario. Zaterdag morgen stond ik net op het punt te vertrekken toen ik zag dat drie jongens in onze knoek bezig waren om leguanen te vangen. Ik liep er naar toe en vroeg vriendelijk om van het ons stuk grond te gaan.

Ze lachten en gingen rustig door met hun "werk". Na verscheidene malen gevraagd te hebben om te vertrekken vertelde ik dat ik melding zou doen bij de politie. Weer lachten ze, later bleek het niet een lach te zijn van vriendelijke jongens maar met hun gedachten van "wat een domme makamba".

Ik heb gehoord en geleerd dat je het recht niet in eigen hand mag nemen want dan heb je kans door ons rechtssysteem veroordeeld te worden. Dus belde ik netjes de politie. Ik pakte mijn portable en draaide het alarm nummer en kreeg een vriendelijk mevrouw aan de telefoon aan wie ik uitlegde dat er 3 jongens op ons stuk terrein liepen en niet van plan waren te vertrekken. Deze mevrouw hield me ruim 10 minuten aan de telefoon omdat de politie niet wist waar mijn straat lag, een straat nota bene bij hun achterdeur! 10 minuten heb ik staan proberen uit te leggen waar die straat lag en ondertussen gingen de jongens lachend door. Na ruim 20 minuten was er nog geen politie verschenen en waren de jongens met hun leguanen op de fiets vertrokken. Ik heb de post maar weer gebeld en bedankt voor hun snelle optreden. Wat ik me nu afvraag is: of de politie helemaal niet leert waar de straten liggen op het eiland? Is het niet normaal dat een straat, die overigens al 50 jaar bestaat, niet bekend is bij hen? Heel erg want wat mij nu zo benauwt zijn de gedachten van, als straks een meisje, oudere man of vrouw in paniek belt, of ze dan ook die straat niet kennen en die mensen aan het lijntje houden? In ieder geval schenk ik de politie van Curaçao alvast 5 landkaarten zodat ze die op hun kantoor kunnen hangen om zoveel mogelijk straten te leren en onthouden. Misschien is het wel iets voor onze minister van justitie of onze gezaghebber om een cursus "straten leren" uit te schrijven voor onze agenten en die verplicht te laten volgen. Misschien komen ze dan sneller op de plaats des onheil.

Een tip voor het volk . Bel even de post op en vraag of ze uw straat kennen, want mocht er iets gebeuren, dan hoeven ze je niet eerst 10 minuten letterlijk en figuurlijk aan het lijntje te houden.

Juli 2000

Eco toerisme is dat het punt?

Als ik het ingezonden stukje lees, afgelopen dinsdag in de Amigoe, dan zit er voor mij een rare nasmaak aan. Het lijkt erop dat de buurtbewoners (voor zover je daarover kunt spreken) liever hun jachthaven hadden gezien met hun privé bar daar aan vastgekoppeld, dan? Nu dat er een paar zeer enthousiaste mensen bezig zijn om al hun geld in deze zeer vervuilde omgeving te steken en het een mooie bestemming te geven, dragen de bewoners de meest waardeloze redenen aan om het tegen te houden (zijn we trouwens goed in op Curaçao). Het gebied ken ik al vanaf de tijd van de Shell en ik had het voorrecht er op te mogen te genieten van de rust. Vervuild was en is het duidelijk met al de tonnen, olie en leidingen. De plannen van Emlyn en Freek zijn en blijven goed, laat de bevolking en de toeristen genieten van dit uniek stukje grond; de ene kant de tieners, andere tijd de wandelaars (Eco toeristen) Dat het nu al een stuk vooruit is gegaan waarvan de natuur (tot nu toe) alleen maar beter is geworden is duidelijk te zien. Dat deze mensen ook geld willen verdienen is normaal, of zijn de buurtbewoners van Jan Thiel allemaal filantropen? Om geld binnen te krijgen moet je organiseren en als dat allemaal binnen de perken blijft, waarom niet? Geluidsoverlast ONMOGELIJK al zou je willen kan dat geen reden zijn, overigens daar zijn wettelijk richtlijnen voor en wat dan al die boten met een hoop herrie racend over het water? Het zgn. ongeluk, nou dat is de grootste kolder die ik gelezen heb, nu zeker omdat er meerdere mensen over de Caracasbaaiweg rijden (met al die nieuwe huizen) is de kans voor een ongeluk groter maar dat, dat een reden moet zijn om het project stil te leggen.

NOU JA! Over Amigu di Tera praten we niet. Deze mensen maken zich alleen druk over dingen die ze denken aan te kunnen pakken en zitten grotendeels te schreeuwen in hun airco gekoelde kamer in hun, door het eiland gesponsorde, pand. Als je een goede organisatie bent dan ga eens langs en praat met de mensen en ga kijken of het toch mogelijk is om hen tegemoet te komen zodat ook onze economie verder op weg geholpen wordt. Dan ben je serieus en gebalanceerd bezig. NIET bij voorbaat alles afbreken. Trouwens, wanneer pakt Amigu di Tera onderhand de ISLA eens aan? Te groot? Nee beste buurtbewoners van Jan Thiel voordat jullie beginnen te schreeuwen en te schrijven laat dan niet naar buiten komen dat het puur om eigen belang gaat en dan zeker niet met zo'n vage redenen als in jullie artikel naar buiten zijn gekomen. Ik wens Emlyn en Freek veel succes toe. We houden wel in de gaten dat het gebied alleen maar beter wordt en iedereen zich aan de afspraken blijft houden.
Succes

P.s. Ik ken , overigens, Emlyn en Freek, niet!

Milieu politie, waar?

Al enkele maanden kom ik zeer regelmatig op Playa Canoa. Als je van het industriepark Brievengat naar de noordkant rijdt moet je al rare bokken sprongen maken om het vuil te ontwijken.

Hoe verder je gaat hoe meer vuil je tegenkomt en krijg je onderhand bewondering voor die mensen die al die moeite doen om het vuil zover en moeilijk weg te gooien! Aangekomen op Playa Canoa ligt nu al geruime tijd witte vuilniszakken die netjes neergezet worden (week in week uit) kennelijk door onze genietende surfende jeugd. Hun eigen stekje ziet er overigens wel schoon en netjes uit want dat moet zo. We hebben dat immers als voorbeeld gekregen van onze ouders, vuil moet je altijd buiten je eigen koraal houden, is het niet zo? Wonder boven wonder kwam ik enkele weken op de Gosieweg onze milieu politie tegen (wist niet dat die nog leefde). Natuurlijk rijdende in een nette lage wagen met airco mooi gepoetst en wel. Meteen moest ik lachen want welke slimmerik geeft een milieu po- litie, die overal moet rijden in en naar onbegaanbare plaatsen, een lage platte bak? Later schoot het antwoord me te binnen. De mensen komen en willen zeker niet eens gaan controleren op de noordkant of elders, want stel je eens voor dat een van hun kennissen hen zien wroeten in het vuil om een adres te achterhalen!

Ondertussen ben ik wel gaan wroeten in die vuilnishopen en ben ook in die bewuste zakken op Playa Canoa gaan kijken en heb aardig wat namen en adressen achterhaald. Simpel hè? Even nu nog een proces verbaal opmaken en misschien denken ze de volgende keer na om het vuil zo achter te laten. Maar helaas ik was weer aan het dromen en schoot me ineens te binnen dat je met die airco wagen helaas niet op de noordkant kunt komen. Een tip, bij het vervangen van deze wagen, koop volgende keer een jeep en trek er eens opuit en blijf niet in jullie kantoor zitten beste agenten! Wie weet misschien komen we die milieu agenten nog eens tegen, controlerend! Of blijft dat weer een droom van mij?

Augustus 2002

Een genie is heen gegaan

Vernon. In mijn gedachten nog steeds die jongen die half liggend achter een computer verkondigde dat microsoft er maar een potje van maakte in hun programmatuur en dat de machines altijd veel te langzaam waren. Trots als je was als je weer een technisch probleem had overwonnen en je bewees dat het wel mogelijk was. Ver was je in de techniek maar ook als mens stond je al ver boven vele anderen. Jammer genoeg heeft dat alles je niet kunnen helpen. Alsnog wil ik je bedanken voor de vele leerzame uurtjes die ik met je heb door mogen brengen. Vernon rust zacht.

September 2002

Wandelen een geweldige sport!

Al jaren ben ik een actieve snelwandelaar. Afgelopen zondag was de 21 kilometer op de vlakte van Hato. Wat mij direct opviel was het hoge aantal wandelaars dat zich had gemeld voor de 21 kilometer, nl. 200 deelnemers. Later voegden zich er nog eens 500 als lopers van de 10 kilometer! Het is gewoon geweldig positief dat de wandelsport zo goed bedreven wordt op ons eiland. Ik denk dat ik namens een grote groep wandelaars het bestuur van de Jolly Walkers mag bedanken en feliciteren met het 15 jarig bestaan van de vereniging. Jullie "lopen" zijn altijd tot in de puntjes verzorgd en goed georganiseerd! PABIEN. Daarnaast sta ik altijd versteld van alle vrijwilligers die vroeg uit hun bed zijn gekomen om ons te voorzien van water en awa lamunchi en op het einde van de tocht ons opwachtten met eten en een gezellig samenzijn.

Zonder jullie konden wij de afstanden niet lopen in deze hitte! Daarnaast is ook altijd de EHBO aanwezig die toch maar met ons mee rijdt en ons nauwlettend in de gaten houdt. Dankzij hun oplettendheid ben ik weer terug kunnen komen in mijn geliefde sport. Ik wil hierbij, en ik denk velen met mij, alle vrijwilligers, EHBO en bestuur van de Jolly Walkers nogmaals bedanken voor hun inzet. Hopelijk mogen we nog lang op jullie rekenen zodat wij onze sport kunnen blijven beoefenen.

De makamba in de oranje broek!

Januari 2004

Arbeid

Dag van de arbeid. Een dag dat we aan de baai liggen te nietsnutten! Hoe noemen we dan de dagen dat we werken? Baaldagen?

April 2004

Energie

Overvallen, Vechten, Vernederen, Liegen, Geld afhandig maken, Verkrachtingen, Stelen, Verduistering, Oplichting, Bezittingen vergaren, Schieten, Moorden, Stoel angstvallig verdedigen, Drugs en Angst. Wat zou de Antillen toch een paradijs kunnen zijn als we deze negatieve energie om zouden zetten in positieve energie. Kunnen we eindelijk eens SAMEN beginnen te gaan opbouwen.

Bezittingen

We komen alleen en naakt op deze wereld. We vertrekken alleen en laten al onze bezittingen weer achter op die zelfde wereld. Wat bezielt de mens dan om zijn hele leven te vergooien en energie te verspelen om deze bezittingen te vergaren?

Juni 2004

Papiamento emotie, Nederlands Ambitie

Simpel een vraagje aan zeer grote Papiamento voorstanders; Hoeveel kinderen gaan er dit jaar weer naar Nederland of Amerika om zo verder te komen in hun studie en zo hun "ambitie" te volgen?

Meneer Martinus Arion, was u niet diegene die enkele jaren geleden bij mijn vrouw aanklopte om nog snel wat Nederlandse lessen te maken zodat uw kinderen van uw school ook dat proefwerk zouden halen? Laten we fair spelen mensen en geef onze kinderen de kansen die wij allemaal gehad hebben!

Maart 2005

Autogordel het verschil tussen leven en dood!

Alsmaar lees ik in de kranten de geweldige voorbeelden die gegeven worden over de "voordelen" van het dragen van een autogordel. Nu zal ik maar meteen eerlijk bekennen, ik heb nog nooit in een land op de wereld een autogordel gedragen en zal hem ook NOOIT dragen ook! Reden? Heel eenvoudig, heeft veilig verkeer

Europa, Amerika en Nederlandse Antillen al eens de werkelijke cijfers bekendgemaakt over de schrikbarende stijging van de whiplash en blijvend gehandicapte gevallen? Hoeveel mensen zijn nu ongelukkig en kunnen niet meer functioneren in onze maatschappij door dit nieuwe zeer veel voorkomende fenomeen als het dragen van een autogordel. Inderdaad bij een ongeluk kun je door de voorruit vliegen maar dat weegt niet op bij de gevallen van blijvend gehandicapt zijn! Je vliegt nl. niet altijd door een voorruit, vele botsingen zijn niet frontaal tegen een betonnen muur of wagen!! Zelf heb ik van zeer nabij meegemaakt wat het voordeel is van het NIET dragen van deze ondingen. Mijn zoon is enkele jaren geleden door een klapband 6 maal over de kop gegaan in een kleine suzuki. De wagen was een koekentrommel geworden, zo klein en we geloofden niet dat hij er levend uit was gekomen. Wel met een gebroken heup maar levend en na enkele maanden geheel hersteld. De politie die alles onderzocht heeft vertelde ons dat, als hij gordels had gedragen we onze zoon nooit meer levend hadden gezien omdat hij domweg onthoofd zou zijn geworden.

Nog geen enkele maanden later werd een zeer goede vriend aan de zijkant aangereden. Hij had mooi de gordels aan, door deze klap zijn alle wervels aan de linker kant zo ontzet dat hij voor zijn leven ongelukkig is en niets meer kan doen.
Weg leven, weg werk, weg toekomst.

Zo kan ik u nog vele gevallen geven die ik zelf al in mijn naaste omgeving meegemaakt en de vreselijke gevolgen gezien heb. Cijfers die niet gepubliceerd worden over de kans dat je een ongeluk met minder letsel als een whiplash zou overleven, worden angstvallig verscholen en achtergehouden. Ik snap niet dat nog steeds geen enkele verzekeringsmaatschappij dit verder uitzoekt.

Bekijk de cijfers wat een whiplash levenslang bij een persoon kost tegenover een gebroken been, -arm of hersenschudding. Ondanks die ondingen blijven er mensen sterven in dat vierwielertje en blijven mensen voor hun levenlang gehandicapt! Dankzij het niet dragen van de gordels heb ik nog een levende zoon naast me die volop van het leven geniet, werkt en gelukkig is, iets wat veel autogordel dragende slachtoffers niet kunnen zeggen.

Juli 2005
Censuur TV11

Het ingezonden stuk en voorval van de heer Gelt Dekker laat me terug denken aan mijn overleden vrouw Paulie. Heel haar leven heeft ze geprobeerd om de kinderen van haar school mondig te maken en openlijk voor hun mening uit te laten komen. Iets wat zeker niet in dank is afgenomen door bestuurders en mensen om haar heen. Doordat we altijd recht door zee zijn gegaan heeft het ons veel tegenslagen en tegenwerkingen gegeven. Zij als hoofd van school en ik als kunstenaar. Projecten werden nauwelijks goedgekeurd voor haar school en voor mijn werk werd en word ik angstvallig bij vele gevallen buiten gehouden door diverse instanties.

Als je kritisch en eerlijk bent eist het zijn tol in werk en wonen. Corruptie en censuur, zoals u aanhaalt meneer Gelt Dekker, is al tientallen jaren gaande op onze eilanden en zal ons uiteindelijk naar de ondergang leiden. Zoals u ondertussen wel zal weten wordt onze eilanden niet bestuurd door de politiek maar door enkel zeer invloedrijke "zaken"mensen! Vandaar dat niemand zijn mond durft open te doen of anders wordt deze meteen gesnoerd.

30

Het zijn zij die gewoonweg de wetten en de regels bepalen op onze eilanden. Ze hebben vrij spel in alles wat ze bedenken en willen uithalen. U als groot zakenman heeft het geluk dat u minder afhankelijk bent van de lokale besturen en die personen dan wij burgers van Curaçao. Het is wel triest te lezen dat ook u het slachtoffer geworden bent van hun wetten en regels en ze dus ook u het leven proberen onmogelijk te maken.

Ik wil langs deze weg u sterkte wensen voor de openheid en eerlijkheid waarmee u dingen belicht en ons onder ogen brengt.

Januari 2006
Aqua/lectra zonder lectra

Vol goede voornemens kwam het in de pers, ik hoor ze het nog zeggen, minder storingen, betere service en bla, bla, bla, bla.... Wonend op Banda Abou hebben we in de eerste 12 dagen van dit nieuwe jaar 6 maal korte en zeer lange storingen gehad.

Een goed begin Aqua(lectra), Jammer genoeg hebben die behaalde certificaten weinig zin in uw bedrijf. U heeft weinig begrepen van wat er in de boeken stond.
Levering, service en kwaliteit, niets,nada!

Februari 2006

Voor het volk?

En maar rondbazuinen dat het huidige BC voor het volk aan het werk is. Maar eerst even wat regelen.

- Snel op alle plaatsen je eigen mensen zetten met astronomische vergoedingen!
- Mensen op posten plaatsen die al meerdere malen bewezen hebben geen capaciteit te bezitten en zelfs een gevaar zijn voor de gemeenschap!
- Grote knelpunten blijven ontwijken en dan nog ook durven te verkondigen dat, dat "de wil" van de bevolking (lees kiezer) is!

Geloofwaardig huidig BC, geloofwaardig, u ben ECHT voor de bevolking van Curaçao bezig.

Merkt U overigens dat het BC voor U bezig is?

Groene zone Selikor

Moet je toch denken dat er geen vuilnisproblemen zijn in je buurt. Niets is anders waar. Dinsdag 3 februari grofvuil ophalen, NIETS DUS! Vuil ligt dagen langs de weg en elke dag maar bellen met de vraag: Wanneer komen jullie langs? Ik zal het doorgeven is elke maal de boodschap.

Vrijdag, nog steeds al het vuil langs de wegen op Banda Abou en dus maar weer bellen nu de directie.

We maken er werk van en bellen u terug. Later op de dag maar zelf weer eens bellen. Krijg je doodleuk te horen dat de chef van die afdeling domweg niet te bereiken is! Ja daar was ik ook al achter gekomen als je hem probeert te bellen op 434-1346. In ieder geval, ik denk dat we maar een grote vrachtwagen huren alles verzamelen en het gaan dumpen voor de deur van het o zo mooi en schoon gebouw van Selikor. Kijken hoelang het dan duurt voordat het vuil weggehaald wordt! In de loop van het jaar kunnen we weer in de krant lezen dat Selikor miljoenen uitgeeft om vuil te ruimen op het eiland.

Meneer Selikor.... het is Uw vuil wat u laat slingeren en NIET OPHAALT het hele jaar door! Waarom betalen we eigenlijk de afvalstoffen belasting als er geen Selikor te bekennen is in deze zone? Een bewoner in de groene zone.

Mei 2006
Respect en verantwoordelijkheid

Zijn het niet de politici die het alsmaar hebben over "respect en verantwoordelijkheid" dragen? Waar blijft het respect en de verantwoordelijkheid van de curaçaose politici naar de bevolking toe?

Laten we eerlijk blijven!

Met grote verbazing las ik het kranten artikel van Joes Wanders afgelopen woensdag 24 mei. Hierin wordt beweerd dat "exto curaçao" verreweg de grootste kunst website is van de Antillen! Nu zoals u kan lezen ben ik een van de kunstenaars die zich daar op voorkomt. Ik heb zeker nog nooit de cijfers gezien van 10.000 bezoekers per dag ! Deze internet galeries zijn wereldwijd actief en ikzelf ben vertegenwoordigd in ruim 59. In de afgelopen 6 jaren ben ik zeer actief bezig op de web en heb zo net de laatste cijfers binnengekregen over de eenmans website www.johnbaselmans.com die gemaakt is door mij en beheerd wordt door Interneeds.

Deze cijfers zijn gemiddeld van 13 tot 15 duizend bezoekers per dag en met regelmatige topdagen van 200.000 bezoekers! Met als superdagen van 500.000 bezoekers, dit omdat ik diverse malen door search engines uitgeroepen ben als "artist site of the day"! Door de grote bezoekers aantal is het zelfs zo dat Interneeds een aparte server heeft geïnstalleerd om deze 355 pagina's tellende site draaiende te houden. Zelf heb ik daarnaast een aparte mailserver om de vele mails snel en correct te beantwoorden. Hoe kan er dan beweerd worden dat "exto curaçao" verreweg de grootste is?

Nee, laten we eerlijk blijven en ook de goede cijfers publiceren als er een website in de picture wil komen. Waar is dat mijn site wel een van de grootste kunst sites is of misschien DE GROOTSTE van de Antillen en ook meetelt in de wereld als een van de meest informatieve en grootste op de web? Mijn site staat open voor alle kunstenaars rond de wereld en als u gaat kijken merkt u op dat de pagina's "Guest artists" alsmaar groeit.

Ook zijn er diverse scholen die hun werk met trots exposeren. Deze service met vele andere is gratis. Dit alles om gewoon mijn site een "informatieve site" te laten blijven en de site aantrekkelijk te houden voor iedereen van kunstliefhebber, school, kunstenaars en leek toe. Jammer genoeg blijkt al te vaak dat je als lokale kunstenaar niet gewaardeerd wordt. Maar gelukkig krijg ik de erkenning van de honderden mails dagelijks, waaruit blijkt dat ik iets bied waar een grote behoefte aan is, in en rond de wereld.

Verschillende reacties kan u zelf lezen op de diverse "Comments" pagina's of "Guestbook".

Waarheid

Moeilijk als je met de waarheid geconfronteerd wordt, hè Mevrouw Camillia –Romer?

Pluimpje voor Aqualectra

Maandagmorgen belde ik Aqualectra op om te informeren hoever de aanvraag van de watermeter was. Een meneer antwoordde dat het een dezer dagen geplaatst zou worden maar voor alle zekerheid verbond hij me door naar een mevrouw die de gegevens opvroeg en het telefoon nummer om me zo terug te bellen. Zeer correct en netjes werd ik behandeld door beide personen.

Binnen een uur belde ze me terug dat de meter vandaag geplaatst zou worden. Dat gebeurde ook prompt 's middags.

Zo was de watermeter een feit. Wat ik helemaal correct vond en zeer waardeerde was dat deze mevrouw de volgende ochtend opbelde en vroeg of de meter geplaatst was en of alles in orde was. Ja, dat gaf je gewoon een prettig gevoel dat er toch mensen zijn die weten wat correct afhandelen betekent en hun belofte nakomen. Aqualectra bij deze een pluimpje voor deze nette en correcte afhandeling.

Toeristische/ Terroristische militairen?

Het eiland Curaçao geeft de laatste tijd kapitalen uit om het toerisme verder op te schroeven en het eiland een beter aanzicht te geven. Wat dacht de Nederlandse staat, kunnen we wel eens een oefening gaan houden in dat zonnig land, hebben het "onze jongens" niet zo koud!. Onze lokale baaien worden gesloten, Wacao lijkt een gaten kaas vol stof en wolken en dan maar niet te spreken over al dat zwaar materieel dat over onze niet al te beste wegen rond dendert. Als klap op de vuurpijl worden we tot in de avond wakker gehouden door een paar straaljagers die over ons huis scheren om het spelletje "Hide & Seek" te spelen.

Waar zijn onze milieu organisaties?

De koralen worden vernietigd, stukken land en stranden vernield. Waar zijn onze toeristen organisaties? Wegen brokkelen verder af. Onze toeristen kunnen nergens naar toe en voor geluidoverlast komen de toeristen ook niet naar dit eiland. Dank je stelletje oorlogzuchtige mensen om dit eiland de laatste duw in de ravijn te geven. Of is dit alles de bedoeling om van de Antillen een compleet militair oorlogsveld te maken?

36

Kanaal 8 (6)

Je koopt een "flatscreen" van over de 5000 gulden. Daarbij een heerlijke luie stoel want je moet toch gemakkelijk zitten! Je drankje naast je en wat snacks en de WK kan beginnen. Power on en wat zie je! Een wazig/dof en kleurloos beeld en over het geluid maar niet te spreken! Net of de opnamen clandestien zijn opgenomen met een video camera. Gaat je hele investering en illusie! Vlug kanaal 12 op en wat zie je.. een helder beeld goed geluid! Nog mooier is dat bij een goal je terug kan schakelen naar kanaal 8 of 6 en dan zie je de hele situatie nogmaals!!

Ja, zo bij de tijd is Telecuracao(lees UTS), ze lopen toch met al het nieuws achter? Gelukkig ben ik geen voetbalfan en heb ik die investering niet gemaakt maar ik denk nu wel aan die mensen die diep in hun buidel hebben getast om de WK groots te zien en dan bedrogen worden met de zgn televisie rechten van Telecuracao!! Waar gaan we naar toe?

Olie geheim

Wat een novela is het momenteel over de contracten van PdVSA en over allerlei belangrijke hoogstaande mensen van de Antillen die in een keer van baan veranderen en overstappen naar de "oliewereld". Mensen rond de wereld kopen het ene na het andere bedrijf hier op Curaçao. Zelfs Nederland ruikt ook zijn kans en is in een keer goedgeefs geworden en scheldt 5 miljard schuld kwijt maar wil wel de Eilanden bij elkaar houden en hun zegje behouden!

Mensen, ik ben wat gaan neuzen op internet en al snel blijkt dat er aardig wat olie zit onder onze rots. De grote mensen weten dat en in de investeringswereld wordt al redelijk gespeculeerd over de olie reserves op de Antillen! Een geheim die onze ministers toch angstvallig proberen te verdoezelen.

Jammer dat de wereld klein is geworden en door simpel wat woorden in te typen komen hele rapporten en kaarten op je scherm. Gelukkig voor ons, ik heb al bij meneer Schlumberger een "ja knikker" besteld want ik ga ook pompen! Al is het maar om wat zuiniger te kunnen rijden.

Tele bluf!

Ze hebben het nog steeds niet geleerd. Tele Curaçao (UTS) blijft bluffen. Weer is bewezen dat Tv 8 niet de alle vereiste papieren kan overleggen. Ditmaal voor de zgn. alleenrechten van de WK. Ze blijven het proberen om bedrijven het leven onmogelijk te maken. Alsmaar is de rechter die UTS, voor de zoveelste maal, moet terugfluiten of zelfs grote boetes moet opleggen. Hebben de mensen niet door bij Tv 8 en UTS dat ook zij legale/juiste papieren moeten hebben voor ze naar een rechter stappen? Erger is dat de WK sponsoren mooi in hun buidel hebben getast voor die exclusiviteit van de belabberde beelden en er nu achterkomen dat ook zij in de maling zijn genomen. Blijf maar sponsor van tv 8 en ook uw bedrijfsnaam zal door het slijk gehaald worden.

Wanneer wordt er bij de overheid eens werkelijk ingegrepen in die Gestapo praktijken van dit bedrijf? Nog steeds hebben ze niet

38

door dat er naast rechten ook PLICHTEN zijn naar een klant toe! We hebben geduld en tijd zal het leren. Gelukkig zijn er nog rechters die stukken bestuderen op dit eiland en niet klakkeloos aannemen wat deze bluffers beweren.

Super Snelle BC

Een waar gebeurd verhaal. Op 14 oktober 2002 heeft het eilandgebied een voorstel gedaan om een duurte toeslag voor eiland-gepensioneerden in te schalen. 10 juni 2003 is een schrijven naar BC gestuurd over deze kwestie door UPAH. 18 juni 2003 is er een beslissing genomen. 14 september 2004 is er nogmaals een schrijven over bovengenoemde voorstel verstuurd naar BC door UPAH want er was nog steeds geen reactie van BC zijde. 12 april 2006 is het voorstel bekrachtigd!! 22 mei 2006 is er een brief verstuurd door BC en pas 31 mei 2006 ontvangen door UPAH. De post of te laat gepost? Niet gek om er 4 jaren er over te doen op een simpel antwoord! Erger is de inhoud van deze brief. De inschaling is afgewezen voor alle eilandsgepensioeneerden! Schande, gewoonweg crimineel als je weet dat de landsgepensioneerden WEL deze duurtetoeslag krijgen! Reden van afwijzing? Het eiland is in een zeer slechte financiële situatie! He, dat is nieuws! Hoe kan dat nu? Aan de topsalarissen van de ge-deputeerden, alle vriendjes ambtenaren en familie leden kun je niet direct zien dat het eiland er zo slecht aan toe is, beter nog, kennelijk zwemmen we in het geld.

Ook de meest waanzinnige beslissingen en garanties die deze mensen uitdelen geven ook deze slechte financiële situatie niet weer. Toch, wij eilandsgepensioneerden moeten het maar doen met een uitkering die al vele jaren (ruim 10 jaar) niet meegegaan is met de vreselijk hoge stijgingen van brandstof/ water/ elektra en onderhoud, simpel gezegd "om er van te kunnen leven"!

Misschien mis ik iets want kennelijk denken de hoog en droog zittende beslissers dat wij gepensioneerden kunnen winkelen in een "pensioenadowinkeltje" op de hoek waar wij op vertoon van onze kaart 25% korting krijgen op alle eerste levensbehoeften! Ook krijgen we water uit de "pensioenadoleiding" en elektra door de "pensioenadokabel"! Helaas heb ik deze winkel, leiding en kabel nog niet gevonden! Belachelijk te weten dat er o zo gemakkelijk besloten en gezeuld wordt met ons eilandsgepensioneerden! Zijn de premies die we al die jaren hebben afgedragen niet dezelfde als die van de landsambtenaren? We wachten op de dag dat ook zij dit pensioen krijgen en misschien merken dat ze er niet mee rond kunnen komen. Of hebben ze dat WEL geregeld voor zichzelf?

Smoes

In de 24 jaren dat ik hier op het eiland woon heb ik wel geleerd dat de mensen hier een meester zijn in het verzinnen van smoezen. Laatst had ik kennelijk "de meester" smoezen verzinner aan de telefoon. Het ging zo. Op zoek naar iemand die water kan brengen aan huis voor de knoek belde ik een jongeman op. Op de vraag of hij water kon brengen kreeg ik te horen dat, dat mogelijk was. Pas toen hij hoorde dat het naar Banda Abou gebracht moest worden ging de prijs met honderd gulden per truck omhoog! Waarop ik hem vertelde dat het water van Aqualectra goedkoper was dan dat van hem!

Zijn antwoord was; *Het water van Aqualectra komt via een pijp, het water van mij kost banden en diesel!* Er was een moment van stilte want deze jongeman had me na 24 jaren smoezen aanhoren totaal stil gekregen. Een direct antwoord blijft moeilijk maar het maakt het eiland wel altijd spannend en romig,

Juli 2006

5 gulden

Hetzelfde wat Dhr van Eenennaam al aanhaalde in zijn eerste stuk over het betalen van vijf gulden op de vlakte van San Pedro is mij ook overkomen. Het tweede stuk van hem verbaasde me omdat iedereen kennelijk zijn 5 gulden terug gaat krijgen van de politie! Nadat ikzelf voor die bewuste slagboom stil kwam te staan, rondrijdend met wat toeristen, belde ik ter plaatse de politiewacht op. De woorden van de dienstdoende agent was " U kunt beter betalen het is eigendom van die man". Dus niet gedaan en gewoon terug gereden. Later ben ik verder uit gaan zoeken en kwam er achter dat de wegen aldaar onderhouden worden door het gouvernement.

Sinds wanneer onderhoudt DOW wegen op zgn "eigendomsterrein"? Daarnaast ben ik erachter gekomen dat deze weg niet afgesloten mag worden omdat het over een patrouille pad gaat en er "recht van overpad is"! Ook mag zeker deze weg niet voor winstbejag worden gebruikt! Weer de politie gebeld maar nu op Barber en deze man was eerlijk en gedienstig. "Ik weet het niet" vertelde hij me "maar iets klopt daar niet" waren zijn woorden. Op de vraag om meer informatie kreeg ik de tip om beter Amigu di Tera te bellen.

Dus, meteen gebeld en kreeg daar ook de bevestiging dat deze weg niet zomaar afgesloten kon worden. Toch vreemd, dat de politie nu weer met een ander verhaal komt en zelfs beloofd wordt dat het geld teruggevorderd zal worden van deze man! Ze nemen niet eens de moeite om uit te zoeken wat daar gaande is en laten het na div. telefoontjes en stukjes in de krant gewoon op zijn beloop. Het is in en in triest dat de politie niet ingrijpt en maakt dat deze illegale slagboom verwijderd wordt. Is het dan toch "recht in eigen hand nemen" door met een zware wagen en een ketting die slagboom zelf verwijderen? Kennelijk wachten ze daarop.

Nog erger is dat er niet ingegrepen wordt door een of andere politici en dat zij niet inzien dat het hier om een belangrijke toeristische route gaat! Het lijkt meer op het geval "Jeremi" waar ook door deze politici de grove fout begingen een stuk weg naar Westpunt en de baai domweg en zonder nagedacht te hebben verkochten en later zeer duur terug moesten kopen!

Is dit zo'n soort gelijk geval? Waar blijven onze toeristische organisaties die ook alsmaar schuilen achter dikke deuren en airco kamer en niets doen om een o zo belangrijke toeristische route te beschermen en te behouden? Tjee, wat zijn we allemaal passief. Ondertussen betalen wij burgers wel al deze organisaties van ons belasting geld. Ook betalen we aan de onderhoud van deze wegen, op vlaktes zoals deze, waar we nu geen gebruik meer van kunnen maken door dit wanbeleid. WIE durft eindelijk eens actie te ondernemen tegen dit soort wanpraktijken?

Eigen Hachje

NATUURLIJK, kon niet uitblijven! Het is toch niet te geloven dat onze Eilandsraadsleden en Gedeputeerden even minimaal 2000 gulden meer gaan verdienen! Wij eilandsgepensioneerden krijgen GEEN cent meer de afgelopen jaren! Dat alles met als smoes de zgn "slechte financiële situatie"! Is de "eiland financiële situatie" van ons misschien verschillend als die van hen? En dan nog durven zeggen "dat er vrees is voor negatieve reacties".

O nee hoor, wij gunnen het u allemaal van harte, ondertussen zien wij wel rond te komen met o zo veel minder. Och, duidelijk is dat deze mensen zich zeker niet schamen naar de bevolking toe!

5 Gulden "Wanneer"

Zo te lezen is het geval vlakte van San Pedro aardig uit de hand aan het lopen. Simpelweg omdat de huidige eigenaar van dat stuk grond vergeten heeft in zijn ontvangen bepalingen, dat er "een recht van overpad" is op zijn stuk grond, te lezen. Het mag niet afgesloten worden zeker niet voor "winstbejag" wat nu zeer duidelijk het geval is. We wachten gewoon rustig af hoelang onze gedeputeerde Cooper er over doet om deze eigenaar opnieuw op zijn rechten en plichten wijst. Misschien wacht u, gedeputeerde Cooper, tot er werkelijke ongelukken vallen en dat u dan op het Bestuurscollege kan zeggen "Ik wist van niets", vergetende de brieven die over dit geval naar u en het Bestuurscollege verzonden zijn.

Zoals ik al zeg, we wachten, wachten, wachten en ondertussen staat de lokale bevolking en onze toeristen voor een gesloten slagboom, ook wachtend!

Medische wereld

De laatste tijd zie je steeds meer stukjes van (huis)artsen en de huisartsenvereniging verschijnen in de krant. Kennelijk bang dat ze er buiten gaan vallen of dat hun wereldje wordt aangetast.

Het is niet vreemd dat ze zich beginnen te roeren want; Is het niet die arts die een oud vrouwtje 5 uren laat zitten enkele malen vragend "wanneer ben ik aan de beurt". Na de 5 uren komt de bewuste dokter naar buiten en weet aan haar te vertellen "u staat niet op de lijst " en hij vertrekt naar huis, het vrouwtje huilend achterlatend! Is het niet die dokter die rondbazuint dat hij 50 tot 60 patiënten per MORGEN ziet? Is het niet die dokter die voor de patiënt een belangrijke test heeft laten doen en dan vertikt om aan de telefoon te komen om de uitslag met de patiënt door te nemen? Is het niet die specialist die midden in een knieoperatie alles erbij neergooit en uit de OK verdwijnt zodat een collega het over moet nemen en ruim een week spoorloos is? Is het niet die chirurg die durft te zeggen tegen een patiënt "u heeft pech gehad want u kan die 25.000 gulden voor die operatie toch niet betalen," en hij loopt weg en laat de patiënt in paniek achter?

Nu, voor dit soort voorvallen (overigens heb ik ze allemaal zelf meegemaakt) en het eindeloos lopen tegen een loden muur als je een klacht indient, zijn er nu commissies die buiten deze mensen om objectief de zaak moeten gaan beoordelen. Bekijken, menselijk en niet medisch, iets wat deze doktoren uit het oog hebben verloren. Ook wordt eindelijk voor een bepaald ziektebeeld geen misbruik gemaakt door eindeloos te verwijzen naar collega's en zo jarenlang belachelijk hoge gages declareren aan de verzekering. Dat er nu meer controle is op dit soort praktijken juich ik toe en hoop dat het ten goede gaat komen voor de medische wereld en patiënten op Curaçao.

Het tijdperk van de ontastbare arts/specialist is al wereldwijd aan het verdwijnen en hopelijk hiermee ook bij ons op Curaçao.

Aqualectra leert het nooit!

Een mooie foto in de krant. Zittende mensen luisterend naar de wetten en regels van Aqualectra.

Deze keer is Jan Thiel en omgeving aan de beurt. Doet me denken wat wij, Emmastadbewoners, 11 jaar geleden hebben meegemaakt. Eensklaps had de overheid het water en elektra over gedragen van PdVSA naar voormalig Kodela. Alle kosten en complete sanering van huis naar straat moesten worden gedragen door de bewoners! Ja erger nog, we werden bedreigd met afsluiting als we de onkosten van 20-30 duizend gulden niet zouden maken! Een gang naar de rechter heeft Kodela teruggestuurd naar af. De uitspraak was duidelijk; Kodela mag saneren zoveel het wil maar het mag niet ten koste gaan van de klanten! Uiteindelijk heeft voormalig Kodela zelf alle kosten moeten dragen en zijn we allemaal netjes aangesloten op het net van water en elektra. Nu 11 jaar later is Jan Thiel de klos, hopelijk dat deze mensen niet intrappen in alle regels en statuten die door Aqualectra zelf geschreven zijn en er mee dreigen. Een rechterlijke uitspraak is uitgesproken op 3 oktober 1995 in het voordeel van alle gedupeerde Emmastad klanten van voormalig Kodela, nu zich Aqualectra noemende.

Misschien moeten de bewoners van Jan Thiel nogmaals hen even bij de rechter aan deze uitspraak laten herinneren? Saneren mag, maar niet via de portemonnee van hun klanten! Succes Jan Thiel bewoners.

Augustus 2006
Goedkoper water?

Verbaasd te lezen dat Aqualectra gaat uitzoeken om goedkoper water naar de klanten toe te leveren? Vreemd is wel dat het onderzocht moet worden en dat er universiteiten bij gehaald moeten worden in Nederland en de Antillen! Hoezo? Nu, als Aqualectra lekkages niet dagen liet spuiten, oude leidingen zouden vervangen en illegaal aftappen zou beboeten en niet een waarschuwing zou geven konden ze NU AL 30% meer sparen op hun eigen laksheid. Het water wordt toch betaald, is de beredenering intern bij u en waarom zouden we dan zo moeilijk doen. Nou schaam je Aqualectra dat u zoiets in de krant wil schrijven als er totaal geen initiatief is van uw kant om ons klanten iets wat te verlichten.

"An inconvenient truth"

Afgelopen zondag ben ik sinds lange tijd weer eens naar de film geweest. Na enkele kleine shots gezien te hebben op internet leek het me de moeite waard naar deze film te gaan. De film/documentaire was een opsomming van alles wat er allemaal misgaat met onze aarde door het gevolg van "globel warming". Erg te zien hoe naïef mensen zijn en nog erger, de lege zaal waarin we zaten. Het is een vast gegeven wat we allemaal verkeerd doen met onze aarde en ook hier op Curaçao qua milieu. Ook wij zijn medeverantwoordelijk wat we de aarde aan doen. We zien het hier dagelijks, de vuile uitstoot van PdVSA, autogassen, water vervuiling en het alsmaar schoonschrapen met bulldozers van uw stukje terrein of van weer een nieuw project wat (n)ooit zal verschijnen. We vernielen alles wat natuur is om ons heen en we doen er bar weinig aan om dat te stoppen.

Gelukkig zijn er wat mensen zoals Al Gore die nu zijn leven geeft om de mensen duidelijk te maken dat het zo niet langer kan. Door simpele voorbeelden en cijfers laat hij zien wat ons te wachten staat binnen 50 jaar. Jammer, de interesse van onze lokale bevolking voor deze film. Toch een pluspunt is dat verschillende middelbare scholen op het eiland de kinderen verplicht naar deze film laten kijken. Misschien een idee voor onze bestuurders en politici om ook hen eens verplicht laten zien wat er allemaal misgaat door laks optreden of negeren van allerlei noodsignalen over de gehele wereld. Een film die u zeker moet zien, denkend aan de kinderen die wel verder moeten in een wereld waar vele foutieve politieke beslissingen worden genomen.

September 2006
ADSL terreur

Na lang er over gedacht te hebben en te hoge telefoon rekeningen heb ik besloten om over te stappen naar ADSL. Naar mijn provider gestapt en de aanvraag ingediend. Anderhalve maand later kreeg ik een telefoontje dat ze de ADSL wilde komen aansluiten. Eenmaal aangesloten leek het erop dat het een hele verbetering was. De snelheid was beduidend hoger. Maar de ergernis kwam snel. Dagelijks viel de verbinding minimaal een keer weg en moest ik alles opnieuw opstarten. Na vele telefoontjes naar mijn provider kwam uiteindelijk UTS kijken. De verbinding was verkeerd aangesloten (door provider) en de lijn moest uit de buitenmuur komen (niet de binnenmuur)! Alles goed aangesloten op een buitenmuur lijn maar helaas, het uitvallen bleef. Weer bellen, het uitvallen werd langer, we praten nu over dagen zonder ADSL. Heerlijk smoezen kreeg je te horen van, haal de stroom 20 tellen van de modem, later werd het, laat de stroom 30 minuten van de modem. Nu laat ik hem maar voorgoed uit de modem, misschien helpt dat!

Als alles dood bleef en je weer belde was het "dan moeten we UTS bellen!" Goed, momenteel ben ik weer voor de zoveelste maal zonder ADSL. Kennelijk ligt het aan de centrale van Banda Abou die met de regelmaat van de klok wegvalt of totaal niet werkt. Geen wonder als je hoort hoe het daar allemaal aan toe gaat en wat voor een puinhoop het is in die centrale, geen signaal kan door die puinhoop zijn weg nog vinden! Och, ook niet belangrijk volgens UTS, betalen de klanten niet, sluiten we ze gewoon af daar hebben we toch een monopolie positie voor op dit eiland! Service en werkende lijnen is niet belangrijk, is hun motto.

Ondertussen betalen wij op Banda Abou wel hetzelfde bedrag als in de stad voor deze zeer slechte en alsmaar uitvallende ADSL.

Welke provider springt hier eens op in en levert ook aan Banda Abou wireless of een ander soort snellere verbinding?

Oktober 2006

Het kan dus anders UTS!

Na het ingezonden stuk begin vorige week over mijn terroriserende ADSL lijn is er kennelijk veel losgekomen bij UTS. 2 dagen later werd ik gebeld om het hele verhaal nogmaals haarfijn uit te leggen wat er gaande was met mijn ADSL aansluiting. Er werd me beloofd dat ze er werk van zouden maken. Ik kan niets anders zeggen er is VEEL werk van gemaakt. De lijn werd meerdere malen doorgemeten, ik wist overigens niet dat UTS zoveel monteurs had!

Dagelijks werd ik gebeld door Mevr Lodewijks hoe de verbinding was en ik gaf toe dat de verbinding bleef werken de hele dag door, al zat er nog steeds een tweede telefoonlijn te storen. Ook dat werd opgelost, er kwamen weer diverse monteurs die erachter kwamen dat de lijn beschadigd was en er een nieuwe kabel getrokken moest worden bij mij voor aan de straat.

Het was dus niet een binnenshuis probleem maar de lijn van UTS zelf! Ook dat gebeurt binnen 2 dagen en ik denk dat ik nu de zuiverste telefoon- en ADSL lijn heb op het eiland! Geen geruis, geen getik en geen andere gesprekken op mijn lijn.

Dus UTS jullie kunnen wel service verlenen? Jammer dat er eerst een stukje in de krant, aanzet moet geven om het probleem opgelost te krijgen. Als de centrale voor het melden van storingen minder laks omging met klachten van klanten, dan gaf het in ieder geval het gevoel dat je als klant telt bij UTS! Toch wil ik langs deze weg Mevr. Lodewijks van UTS hartelijk danken voor haar inzet, ze heeft bewezen dat ADSL wel kan werken mits klachten serieus genomen worden! We gaan vooruit op het eiland, al is het soms vreselijk langzaam.

Curaçaose (Na-) Cul-tuur

We belanden weer tegen het einde van het jaar. Om ons heen zie je verschillende activiteiten die doorgaans alleen te zien zijn tegen het einde van het jaar. Een van de grootste veranderingen rondom ons heen zijn de diverse tuinen die schoongemaakt worden. Meestal zo rigoureus dat je na de schoonmaak een huis op een kaal erf ziet staan. Momenteel rondom onze buurt is dat ook het geval. De kavels zijn groot en zijn meestal voor landbouw en veeteelt bestemd. Maar wat nog steeds niet te rijmen is, in mijn ogen, zijn de mensen die een bulldozer laten komen en dan een gehele heuvel compleet kaal laten schaven. Of, zoals je ook ziet gebeuren, dat er een leger Haitianen bezig zijn, om net zoals sprinkhanen, alle begroeiing maar ook zelfs de Kibrahacha, Brasiel en Shimaruku die ze in hun weg tegenkomen tot de grond weg kappen. Wat bezielen deze mensen toch dat ze de mooie natuur die Curaçao bezit zo te moeten vernielen alleen maar om hun stuk grond geheel kaal te hebben voor de rest van het jaar?

We hebben zo'n aparte vegetatie op dit eiland, want ondanks de droogte hebben we toch een aardige begroeiing, mits deze niet met de grond gelijk geschaafd of gekapt wordt. We hebben een rijkelijke natuur en met vele zeer mooie bomen, cactussen, planten en verdere begroeiing. Voordat u uw tuin schoonschraapt denk er eens over na wat een genot het kan zijn als je 's morgens uit je huis stapt en de bomen en struiken ziet bloeien en de vogels om je heen ziet vliegen.

Laat het eiland niet zo worden zoals het al op vele plaatsen op de wereld is vergaan. Laten we de Curaçaose natuur, die er nog is, behouden ook in uw tuin.

November 2006
Mijn petje af

Zoals u niet ontgaan is woon ik nu ruim een jaar op Banda Abou. Ik als "stadsmens" (25 jaren Willemstad) maak nu mee wat een bewoner op Banda Abou dagelijks meemaakt en zie dat ze duidelijk weggedrukt worden in ons nieuwe land Curaçao. Laten we alleen eens nemen de landbouw die hier rond om me heen gedreven wordt. Ik ben een gelukkige eigenaar van een lapje landbouwgrond. Tenminste zo staat het bij DOW beschreven. Na verschillende boringen bleek dat in deze omgeving net een emmer water onder de grond zit en ook nog niet onder mijn stukje grond! De hoop water te vinden heb ik opgegeven en ben alternatieven gaan zoeken. Regenwater opvangen is een alternatief maar wat blijkt, wij wonen op een stukje van Curaçao waar statistisch gezien de minste regen valt! Als je in de stad mensen ziet zwemmen over de wegen liggen wij heerlijk te zonnebaden. Landbouwgrond! Ok, Ik contact zoeken met LVV, want uiteindelijk behoren deze mensen toch agrariërs te helpen, niet waar? Ik moet zeggen, ze doen hun best maar helaas ook zij zijn slachtoffer van het zeer slechte beleid van de overheid. Bij de vraag of ik gebruik kon maken van het leveren van water door hen kreeg ik doodleuk te horen dat, dat op Banda Abou niet mogelijk was. De truck was al helemaal bezet voor landbouw in de stad!!.

Een truck voor het eiland? Ja een truck en dan nog voor de stad waar zoveel landbouw bedreven wordt, ja toch? Ok. Verder zoeken, en jawel ik vond een buurman bereid me te helpen om water te leveren. Deze man had noodgedwongen zelf maar een watertruck gekocht om zo voor zichzelf en anderen hier op Banda Abou wat te helpen in onze water problemen. Wat krijgt deze man te horen! Je raadt het niet. "U moet helemaal naar de waterzuivering bij Kleinkwartier gaan want bij Piscadera is het water voor de hotels en onze o zo belang-rijke golfbaan"!! Ja u leest het goed, schaars water wordt uitgedeeld aan de hotels en onze golfbaan voor hun grassprietjes in leven te houden want het balletje moet toch feilloos in dat gaatje rollen, niet waar? Dat is toch veel belangrijker dan voor eten te zorgen voor de lokale bevolking? Ook kunnen wij geen miljoenen investeren zoals Dhr Gelt Dekker om aardbeienplantjes te telen in een gigantisch kas waar ook nog eens met veel geweld dat schaarse water uit de grond domweg gezogen wordt! Zoals u kan raden deze beste man heeft de rit nooit gemaakt naar de andere kant van het eiland omdat hij zich ook bedrogen voelde door die geweldige overheid instantie die gras verkiest boven betaalbaar eten voor de lokale bevolking!

Onze waterman heeft een bereidwillige man gevonden op Banda Abou die zijn putten ter beschikking stelt voor ons, landbouwers. Het water probleem is groot hier op Banda Abou en niemand, nee niemand zal ingrijpen vanuit de stad om er voor te zorgen dat we, al is het maar op kleine schaal, wat bij kunnen dragen aan ons dagelijks voedsel in het land Curaçao. Nee een grasveld is belangrijker en een truck voor honderden landbouwers rond en in de stad is kennelijk ook genoeg in de ogen van de politici. Mensen, ik neem mijn petje af voor die mensen die hier dagelijks staan te zwoegen in de grote hitte en het gevecht aangaan tegen de leguanen, konijnen en andere dieren die hun gewassen proberen te eten wat ze met die ene emmer water in leven proberen te houden. Mensen van Banda Abou, het is geweldig wat jullie doen en eens, ja eens hebben de stadsmensen jullie nodig als er niet genoeg voedsel meer te koop is of het onbetaalbaar gaat worden door allerlei heffingen door diezelfde stadsmensen. Mijn petje af mensen van Banda Abou. Een beginnende landbouwer op Banda Abou.

Bijen / Imkers op Curaçao

Na het tragisch bericht over het overlijden van een mevrouw in ons dorp Barber is er gretig geschreven door allerlei experts over hoe het moet gaan en had moeten gaan. Buiten dat zijn de imkers muisstil over deze zaak! Een ding verzwijgen ze allemaal, het gebruik van GIF. Ik ben zelf opgevoed met bijen bij mijn grootvader die zijn leven lang imker was en hij noch ik zelden gestoken zijn door bijen. Ik ben geen imker en ook geen expert maar na het volgende voorval kan elk weldenkend mens inzien wat er daadwerkelijk is gebeurd. Jarenlang heb ik in de knoek naast mijn huis in de stad bijenkorven mogen hebben van verschillende imkers op het eiland en ook daar heb ik bijna nooit ongemak van gehad. Ja u leest het goed, bijna nooit. Eenmaal was er iets vreemds gaande en ik was gaan kijken bij de korven en het bijenvolkje was vreselijk onrustig. Ineens kwamen er vele bijen op me af en begonnen me te steken. Ik rende het huis in waar ze me tot daar volgden. Ik belde de desbetreffende imker op en hij vertelde me doodleuk dat hij gespoten had tegen een of andere bijenziekte die hier op het eiland heerste. De bijen konden wel agressief worden maar dat mocht niet zijn met het gif wat hij had gespoten en vond de zaak vreemd. Mensen het is ongelooflijk maar er wordt op dit eiland maar wat gespoten met gif alsof je over water praat. Wat muggen op het eiland en de GG GD begint een spuitactie met een van de meest gevaarlijke gif of komt bij je langs en gooit zomaar overal gif in het water wat je hebt staan voor je honden! Bij de verschillende plantenzaken vliegen de gifflessen om je oren want we mogen geen beestjes hebben op onze plantjes, niet waar?

Nu ik ga steeds meer geloven dat hier met deze bijen ook zeker gif een rol heeft gespeeld en de oorzaak is door ongecontroleerd spuiten van een imker wat nu een slachtoffer teweeg heeft gebracht. O, wanneer zal er eens een wet komen dat al dat gif spuiten verbiedt en dat handelaren in de meest gevaarlijke bestrijdingsmiddelen worden aangepakt? Er zijn zoveel alternatieven om overlast en ziekten te behandelen! Wie van de politici durft die stap te wagen? Of wachten we op meer ongelukken of zieke mensen als gevolg van overmatig gif gebruik op ons voedsel, planten of bijen?

Keuze

Waarom is de keuze zo moeilijk.
Keuze 1: We blijven een eiland met 5 miljard schuld en
komen onder curatele te staan.
Keuze 2: We worden een land, schuldvrij en staan onder curatele
zodat we nooit meer zo'n schuld kunnen opbouwen.
Moeilijke keuze?

Journalistiek

Wat is persvrijheid? Is dat; Letterlijk alles fotograferen wat je om je heen ziet? Is dat; Ondanks alle verzoeken van een slachtoffer of nabestaanden het toch plaatsen van stukken of foto's?

Is dat; Alles klakkeloos plaatsen wat je op je weg tegenkomt? Kennelijk is hier de pers als zowel de rechtstaat het spoor geheel bijster geraakt. Burgers zijn totaal niet beschermd voor deze persparasieten die alsmaar menen dat hoe roder de pagina van hun krant is hoe meer lezers ze trekken! We praten de laatste dagen zoveel over "respect" maar waar is van deze persparasieten het respect naar slachtoffers of nabestaanden toe? Alles wordt verscholen achter het woord "persvrijheid" maar deze manier van verslaan is geen persvrijheid maar "leedvermaak". Wanneer gaat hier verandering in komen? Wanneer worden wij burgers beschermd door deze persparasieten die niet weten wat persvrijheid inhoudt? Wanneer gaat dit eens getoetst worden door ons rechtssysteem zodat wij als burgers verhaal kunnen maken als er inbreuk wordt gedaan in onze privacy? Moeten we nog lang wachten?

Hopelijk staat de emmer nu op overlopen en gaat er werkelijk eens regels gesteld worden wat wel en niet in een krant geplaatst kan worden. We wachten rustig af maar voorlopig zijn wij burgers wel het slachtoffer van deze terroriserende manier van berichtgeving.

Gezond eiland?

Velen jaren wordt er gevochten tegen het onbeperkt uitstoten van allerlei gassen en gevaarlijke stoffen door de PdVSA. Na het verlaten van de Shell dachten velen, eindelijk eens van de gezonde lucht te kunnen genieten op ons eiland, maar minder is waar. Door politieke spelletjes en het alsmaar draaien om alles heen is de PdVSA met veel poeha hier op het eiland gekomen. Allemaal onder de noemer dat de werkeloosheid weer zou verdwijnen en nog iets later dat we geen stroomuitval zouden hebben door het bouwen van de BOO centrale! Allemaal verhaaltjes om de burger te overtuigen dat de toen zittende politici het o zo goed deden voor de bevolking. Niets was minder waar. De werkeloosheid bleef aan, omdat we praten over een deel bevolking wat kennelijk niet nodig vindt om aan het arbeidsproces deel te nemen, dus ook niet bij de PdVSA aan de slag kan komen. En PdVSA neemt liever hun eigen mensen in dienst wat duidelijk blijkt. De stroomuitvallen werden meer, maar nu met alsmaar het excuus dat het aan die nieuwe BOO centrale ligt. En de bevolking is er geen cent beter op geworden doordat de PdVSA is gekomen daar de contracten die aangegaan zijn het eiland Curaçao nauwelijks iets opleveren!

Iets hebben we wel gekregen van deze maatschappij en dat is een ondragelijke stank en veel zieke mensen en kinderen.

Onze toekomst wordt letterlijk verziekt door deze PdVSA! De politici maken zich niet zo druk over de jeugd en hun toekomst want deze mensen weten niet hoe snel ze er een besluit doorheen moeten drukken om zo een "moordenaar" PdVSA voor lange tijd op het eiland te houden! Ja, "moordenaar" want vele mensen krijgen vreselijke ziekten waar ze vroegtijdig aan overlijden en kinderen zijn voor hun leven lang lichamelijk verminkt. Alles bij elkaar is het duidelijk dat de overheid weinig interesse toont voor ons burgers en erger nog, ze werken mee dat langzaam maar zeker hun eigen volk uitgerookt en gemoord wordt door een bedrijf die niets maar ook niets inbrengt in de welvaart van dit eiland. De tijd dat we zonder raffinaderij zaten was gezonder omdat we eindelijk frisse lucht ademden en de mensen die echt wilden werken kregen overal weer een baan aangeboden. Laten we niet accepteren dat een PdVSA maar doet en laat en ons letterlijk verziekt, maar laten we als burgers er voor zorgen dat onze kinderen gezond blijven en ook een gezonde toekomst tegemoet mogen zien.

Lang genoeg is onbeperkt gerookt, gedumpt en gespeeld met de gezondheid van de bevolking.
Het is nu genoeg!

Weg, weg naar Westpunt

Regelmatig rij ik over de weg naar Westpunt, want tot nu toe is dat de enige verbinding naar Banda Abou. Het was eindelijk zo ver dat de diepe gaten in de vluchtstrook tussen Grote Berg en Tera Cora opgeknapt werden. We waren allemaal blij want eindelijk, na vele ongelukken, werd er van overheidswege iets gedaan aan de gevaarlijke situatie die de laatste jaren ontstaan was door geen onderhoud aan deze weg. Mooi wordt het oude asfalt weggehaald en nieuw diabaas gezet, gewalst en afgespoten met teer en een mooi laagje wit zand daaroverheen. De gaten in het wegdek zelf werden niet gedicht! Natuurlijk niet, want dat stond niet in het bestek. De eerste regenbui viel en wat gebeurde er, de o zo mooie vluchtstrook dreef gewoon weg! Ja de minuut dat je over het witte zand uit moet wijken zakken je banden weg in het zachte opgespoten diabaas.

Het flinterdun opspuiten van de vluchtstrook kan het gewicht van een normale wagen al niet dragen laat staan bussen en vrachtwagens! Ondertussen gaan de werkzaamheden gewoon door en blijven ze de vluchtstrook verder vernieuwen maar tegelijkertijd wordt er honderd meter terug diezelfde vluchtstrook weer net zo snel kapot gereden. Gevolg, de diepe gaten zijn weer terug en de gevaarlijke situatie is nu nog gevaarlijker omdat de gaten in de weg niet gedicht zijn maar nu ook de losse stenen op de rijweg komen. Bij mij heeft dat al een bumper gekost daar een grote steen met volle vaart tegen mijn voorbumper kwam, gevolg, de kunststof bumper breekt af en niemand die voor deze schade wil opdraaien!

Volgende maand kunnen we weer wegenbelasting betalen en ik hoop dan dat, dat geld niet verkwist wordt aan een goedkope uitbesteding, met amateur lapwerk van de enige verbindingsweg naar Banda Abou, waar dagelijks duizenden mensen hun leven op het spel moeten zetten om heelhuids naar hun werk en terug naar huis te komen. We blijven maar spelen met mensenlevens op het eiland en het ergste is dat de overheid daar de hoofdschuldige van is door problemen niet serieus te nemen en met amateurs in zee te gaan.

Onafhankelijkheid

Is de onafhankelijkheid waar enkele politici om schreeuwen;

- Geld aannemen van Nederland?
- Nederland de defensie laten regelen?
- Bij Cuba aankloppen voor economische hulp?
- Bij Venezuela bedelen of ze aub de raffinaderij willen behouden?

Jammer dat deze mensen onze toekomst willen bepalen!

Nog praten over een slotverklaring?

Eerst wordt de slotverklaring, door 14 z.g.n. vertegenwoordigers van het volk, afgewezen en dan durven ze nog te schrijven dat ze de slotverklaring gaan analyseren om er verder over te praten.

Beseffen deze mensen niet dat afwijzen, NEE, NIETS, NADA betekent? Terug naar de miljardenschuld, nog meer armoede en nog grotere onvrede onder het volk! Jammer genoeg blijkt uit deze politieke circus dat er maar gesold wordt met ons burgers. Een klein groepje egotrippers, waarbij ook nog criminelen zitten, bepalen een hele toekomst van een land. Met alle regels, wetten, verklaringen en statuten wordt er nog steeds niet van hogerhand ingegrepen en worden wij burgers in de steek gelaten. Waar zijn dan al deze regels voor opgesteld en waarom stemmen we nog als er toch geen gehoor aan wordt gegeven? Wanneer worden wij bevrijd van deze criminele praktijken en hoe lang moeten wij burgers blijven lijden onder dit ego regiem?

We zijn en blijven toch een deel van het Koninkrijk der Nederlanden? Waar is Nederland nu?

December 2006

We kunnen het alleen

We hebben geen steun nodig vanuit het buitenland. Schuldsanering is niet nodig. We willen geen slotverklaring. Nee, we kunnen het alleen! Maar wat nu? We vallen nu weer onder het oude protocol, het oude statuut. En dat geeft duidelijk aan dat als er wanbestuur is op een der eilanden er ingegrepen kan worden door Nederland. Wij burgers zijn gelukkig beschermd maak u zich niet druk. De bewijzen van een wanbestuur zijn er overvloedig. Het is toch Nederland die alsmaar ons burgers voorhoudt dat we beschermd moeten blijven en onze rechtstaat behouden moet blijven! Waar wacht je op Nederland?

Referendum

Zijn het niet die "politici" die rondbazuinen het volk te vertegenwoordigen en nu de stem van het volk negeren?

Egocentrisch

Als iedereen zijn egocentrisch denken, rassenhaat, frustraties, eigenbelangen, zouden laten varen op dit eiland, dan werd elke maand, jaar in jaar uit de mensen hun salarissen uitbetaald en konden we met z'n allen hard gaan werken aan een betere toekomst voor onze kinderen.

Afgewerkte benzine?

Langzaam maar zeker lees je steeds meer over de slechte kwaliteit van de benzine die verkocht wordt hier op het eiland. Het was wijlen Dhr Wedervoort die al jaren geleden duidelijk maakte, via testen die hij heeft laten uitvoeren in het buitenland, dat onze benzine hier op Curaçao een derde rangs product is of beter gezegd "afval benzine" is. Het slechtste van het slechtste, niet zuiver en zeker niet de gehaltes hebbende die de moderne wagens wereldwijd eisen. Helaas is na zijn heengaan niemand die dat opgepakt heeft. Niemand die Curoil en PdVSA voor verantwoording roept voor het slechte product dat ze aan de consument leveren. Dat blijkt wel als benzinepomphouders zelf zeggen dat het beter is om super te nemen. Nu hoor je al geruime tijd, al geluiden vanuit de garagehouders die ook vertellen geen regular te nemen maar super. Toch blijkt dat de moderne wagens niet meer opgewassen te zijn tegen deze derde rangs benzine!

Dan geef je, je laatste spaargeld uit aan een wagen van je dromen en daar sta je dan regelmatig bij de garage, om weer veel geld uit te geven, om je carburator schoon te laten maken en al het andere wat noodzakelijk is. Nu blijkt ook dat de diesel slecht aan toe is en dat zou de reden moeten zijn waarom onze BOO alsmaar uitvalt! Niet vreemd als ze het lef hebben om ons afval te verkopen waarom dan ook niet naar de overheidsinstanties! Het kost onze gemeenschap kapitalen bij elke stroomuitval maar nog steeds grijpt niemand in. Wie o wie zal hier eens in gaan grijpen want we worden wel bestookt met astronomische brandstof prijzen, die gelden voor klasse A benzine, maar zowel Curoil als PdVSA maken er een potje van en leveren ons voor die prijs afval benzine!

Hoelang kunnen onze wagens dat nog volhouden, laat staan onze portemonnaie met al die nieuwste technieken die niet meer berekend zijn op deze troep? Waar is onze consumentenbond?

Een simpel vraagje

Hoe is het mogelijk dat een onderwijsinstelling als Korpo-deko, wat over gesubsidieerd is door Nederland, het eiland 20 miljoen kan lenen?

Service Nieuwe Post NA

Kerst en Nieuwjaarsdagen de drukste tijden voor meneer Post. De postboden draaien overuren om onze kaarten en pakketjes op tijd bezorgd te krijgen. Zou je toch denken als je naar het Postkantoor gaat dat het toch ook allemaal goed geregeld is, niet waar? Nu dat is anders, woensdagmiddag Postkantoor Punda. Even wat zegels halen, want zoals gewoonlijk had ik er weer te weinig gekocht! Wat schetst mijn verbazing een lange rij en 2 loketten open! In een keer toen er een dame aan de beurt was kwam er een heer te voorschijn en dacht ik, gelukkig een derde loket. Wat gebabbeld, even een zegel en de dame was klaar en wat gebeurde er, loket ging weer dicht!

Een van de overgebleven twee loketten was alsmaar bezet, daar er kennelijk oneindig veel monneygrams gemaakt moesten worden voor 3 mensen die voor dat loket stonden. Bleef er nog over, ja u raadt het, 1 loket voor de lange rij wachtende mensen! Langzaam druppelden de mensen door maar op een gegeven moment dacht ook deze dame te kunnen pauzeren en liet ons rustig wachten totdat bij het andere loket de drie mensen met de berg monneygrams verdwenen!!

In een Kersttijd waar de posterijen hun slag moeten slaan is er van al die personen die alsmaar achter die loketten lopen niemand die even de lange rij mee helpt wegwerken. Nee, "Blijf maar rustig staan want zo kan heel Curaçao zien hoe druk ik het heb" zal het motto zijn van de Nieuwe Post NA.

Service? Nee daar hebben ze bij de Nieuwe Post nog niets van gehoord en kennelijk de heren van Canada ook niet.

Brand (met veel) stof

Eindelijk, ja eindelijk geeft Curoil toe dat er zeer slechte producten op de markt gebracht worden door hen. Vele mensen en bedrijven hebben al jaren bewijzen aangeleverd dat onze brandstof niet aan de eisen voldoen die wereldwijd gelden. Alsmaar werd dat ontkend of verzwegen door Curoil. Als je nu leest over onze diesel die 5000 ppm is op dit eiland terwijl er normen gelden tussen de 500 en 50 ppm wereldwijd dan vraag je, je toch af wat voor een afval deze mensen ons verkopen. Weer is dit omdat er geen concurrentie is toegestaan en angstvallig alle manieren tegen gehouden worden om betere brandstof voor een goedkopere prijs te importeren van onze buureilanden of regio. Als een PdVSA niet aan de wereld normen kan voldoen dan is het Curoil die een andere leverancier moet vinden. Wat ik me wel afvraag is of de kerosine ook zo'n rommel is? De vliegmaatschappijen blijven hier tanken en we hebben kennelijk nog steeds goede prijzen voor kerosine die WEL aan de normen schijnt te voldoen! Dus het kan wel!

Nu gaan we betere diesel krijgen maar het blijkt nog steeds niet aan de normen te voldoen! De prijs moet weer naar boven terwijl wereldwijd goede brandstof is voor een veel lagere prijs! Waarom moeten wij bewoners van Curaçao altijd opgezadeld worden door afvalproducten die wereldwijd niet meer te verkopen zijn? Onze wagens begeven het zeer snel door deze slechte brandstof en maandelijks hoor je problemen bij de BOO of op de centrale op de Dokweg wat duidelijk is dat ook hier brandstof een spelbreker is.

Niets, maar ook niets wordt politiek gedaan om deze wanpraktijken tegen te gaan. Praten we hier over wanpraktijken, monopolie en kartel vorming? Het ruikt er wel naar! Laten we hopen dat ons nieuwe BC hun beloften na gaat komen en voor de bevolking opkomt en deze criminele praktijken aanpakt.

Februari 2007
Heerlijke pinda-kaas (poep)

Afgelopen zaterdag werd in de Amigoe een artikel geplaatst over de pindakaas van Peter Pan.

Wat blijkt nu, dat dit product met nummer 2111 al geruime tijd op het eiland verkocht wordt!

Ik ben zelf geen grote pindakaas eter maar had eens bij een groothandel een voordeelpak gekocht van 2 potten Peter Pan Pinda-kaas. Mijn laatste pot is nu zo goed als op en de andere pot is al als spijkerpot opgewaardeerd! En wat is het nummer? Ja hoor 2111!! Als meneer Kusters altijd zo snel is met berichtgeving, maar eerst wacht totdat alles uit de schappen is verkocht, zou ik de firma Kusters aan willen raden de berichtgeving voortaan maar achterwege te laten. Het heeft geen zin maanden na productie en verkoop nog eens met zo'n bericht naar buiten te komen!

Hopelijk dat er geen ernstige voorvallen zullen voordoen in de toekomst met andere producten die de firma Kusters importeert want anders is het eiland al geheel uitgedund voordat het publiekelijk wordt gemaakt! Waar zijn de mensen van de Warenwet/GGD hier op het eiland?

Het kan dus wel!

Soms bij het schrijven van de stukken krijg ik het gevoel dat ik de eeuwige criticus ben. Toch is het gelukkig niet altijd zo en het bewijs kreeg ik vandaag. Mijn paspoort is aan verlenging toe en ik belde "Bentana" op voor wat er precies nodig was voor de verlenging. Nu heb ik al een zeer goede ervaring met deze dienst daar de dames en heren je altijd beleefd en netjes te woord staan. De informatie is juist die je krijgt en het voelt gewoon prettig aan als je deze mensen aan de telefoon krijgt.

Na de informatie die ik kreeg vertelde deze mevrouw dat ik een afspraak kon maken zodat je niet in ellenlange rijen hoeft te zitten bij Kraanchi. De afspraak werd netjes gemaakt en een beleefde dame wenste me een prettige dag. Man, wat voelde ik me goed toen ik de telefoon neerlegde. Goede informatie, nette afhandeling en nog een prettig gevoel later hebben. Het kan dus wel!

Ik wil alle medewerkers van "Bentana"succes wensen met de geweldige service die ze ons geven en ben blij ook positieve dingen mee te maken op ons heerlijk eiland Curaçao.

Stemmen potlood of machine?

Nog geen maand geleden was er zo'n heibel over het elektronisch stemmen. We zouden weer het potlood ter hand moeten nemen en zo zou Dhr Godeth bewijzen dat er geknoeid zou zijn met de huidige stemmachines. Tot mijn verwondering lees ik nu dat het huidige BC samen met diezelfde heer Godeth even 1.2 miljoen gulden gaat uitgeven voor jawel… Nieuwe stemmachines. Dat deze wereldwijd in opspraak gekomen machine en al op vele plaatsen gedumpt zijn geworden omdat er zowel software matig als machinaal mee geknoeid kan worden (zie artikelen op internet), komt kennelijk Dhr Godeth goed uit. Zelfs als dat bedrijf even een herberekening maakt die ruim 33 % hoger uitvalt! Is het kennelijk deze uitgaven dubbel en dik waard! Deze meerprijs stinkt net zoals deze machines. Als kiezer van het Eiland Curaçao en de Nederlandse Antillen zou ik gaarne bij de nieuwe verkiezingen 20 april waarnemers willen zien vanuit het buitenland en ook dat ik als kiezer een bewijs krijg dat mijn stem wel degelijk naar die partij gaat waar ik op heb gestemd.

Mocht dat niet lukken zou ik voorstellen om met potlood weer simpel een vakje rood te maken!

Spaart ons ruim een miljoen en zeker een geknoeide verkiezing! Ik kan mijn gedachten er niet vanaf houden dat hier een vreselijke adder bezig is, zeker na de rapporten die ik gelezen heb van de CFIUS en andere organisaties rond de wereld. Waar is onze bescherming als kiezer, Kiesraad?

Maart 2007
Boven verwachting

Zoals ik U al schreef afgelopen week over de geweldige service bij "Bentana" blijf ik me verder verwonderen hoe de afspraak bij paspoort verlengen afgehandeld werd. Aangekomen 15 minuten voor de gekregen afspraak liep ik het gebouw binnen. Een nummer gekregen, zat ik te wachten wanneer mijn nummer zou verschijnen op het (score) bord. Tot mijn grote verbazing zaten er wel 200 nummers tussen die van mij en de getallen die op het bord verschenen!

Ik als ongelovige Thomas dacht "Daar gaan we met de afspraak". Mensen, jullie zullen het niet geloven, 2 minuten na de afgesproken tijd verscheen mijn nummer en ik was gewoon verbouwereerd dat het ineens mijn beurt was. Geholpen door een nette en vriendelijke dame stond ik na 4 minuten weer buiten op de trap van het Kranchi gebouw!

Beste mensen, ik ben even gaan zitten om te kijken of ik werkelijk wel op Curaçao was! Mijn stoutste verwachtingen waren overtroffen, dat ik zo snel en zo correct afgehandeld werd door een instantie die toch honderden mensen per dag moet ontvangen.

Mijn petje af Kranchi personeel want dankzij uw correcte afhandeling kon ik die morgen al mijn zaken verder afhandelen en regelen. Ik wil daarom ook het personeel extra in het zonnetje zetten. Ook de leiding, die een goed werkend systeem heeft ingevoerd, waar wij mensen als mensen behandeld en afgehandeld worden. Beste Kranchi mensen, Bedankt!

Foutje, Sorry!

Na het aanleggen van een compleet nieuwe infrastructuur, hier bij ons in de wijk, hebben we enkele maanden mogen genieten van stromend leiding water. Na een tijd werd het van stromend weer druppelend leidingwater! Alweer enkele maanden ben ik bezig met Aqualectra om stromend leidingwater in mijn huis binnen te krijgen. Na al de meldingen is er niet een iemand geweest om de situatie uit te zoeken ter plaatse! Er werd zelfs als smoes aangehaald dat het aan de elektra lag!! Zijn jullie toevallig ook niet de leverancier van elektra? Bij vele malen bellen kwam de aap uit de mouw. Verschillende wijken zijn gesaneerd en ook nieuwe projecten aangesloten (moeten nog vele projecten aangesloten worden).

Wat blijkt nu, de aanvoerleiding is veel te dun en kan al de afname van drinkwater op Banda Abou niet aan! Planning zal je zeggen, ja volgens mij wel maar ondertussen zitten wij met een waterleiding waar we op verschillende momenten van de dag het water uit moeten wringen!

Druppelsgewijs komt het binnen en zo brandt dus een wasmachine door en kun je niet douchen wanneer je wilt. Maar… de beste mensen bij Aqualectra hebben voor alles een oplossing. De wasmachine kun je vullen via een slang en ik kan er ook een drukvat met pomp op mijn binnenkomende waterleiding plaatsen, om de druppels op te vangen en te laten stromen! Natuurlijk zijn deze kosten (niet) voor Aqualectra. Is het niet zo dat een mens recht heeft op fatsoenlijk stromend drinkwater?

Och, er werd wel in het vooruitzicht gesteld dat er eens een nieuwe hoofdleiding zal komen naar Banda Abou. Wanneer? U weet, Aqualectra heeft geen geld. En zo moeten we ondertussen 's nachts douchen en water opvangen om overdag in ieder geval te kunnen drinken en wassen. Het jaar 2007. Hoe is het mogelijk dat dit nog kan? Misschien is er, in deze politieke strijd, een partij die eens op gaat komen voor de mensen op Banda Abou en hen ook voorzien van een van de eerste levensbehoefte, WATER!

Papiamento

Een vraagje aan statenlid Eunice Eisden. Is de officiële taal niet Nederlands op Curaçao en hebben alle Antillianen geen Nederlands paspoort en zijn de Antillen geen Nederlands grondgebied? Waarom wilt u Nederlanders die op een Nederlands eiland willen gaan wonen een Papiamento test laten afleggen? Een kromme wereld denkt u niet? Zo lang Curaçao bij Nederland hoort, en zal blijven horen, met of zonder slotverklaring, lijkt het me onwaarschijnlijk dat dit opgelegd kan worden. Wil ik me met een Nederlands paspoort in Friesland of Limburg vestigen hoef ik toch ook geen test af te leggen of ik hun taal beheers? Waar maken we ons druk over op dit kleine eilandje? Ondertussen is er geen vrije keuze van onderwijs, lijkt me beter dat probleem eens aan te gaan pakken, zo worden vele kostbare uurtjes weggegooid door allerlei politieke stunts!

Verkapte prijsverhoging Curgas

Is het u opgemerkt? Curgas heeft een manier gevonden om haar gasprijzen met 25% op te schroeven! Doe het volgende; Ga naar de website van Curgas, bestel een cilinder van 100lbs en bij het uitchequen ziet u dat er afl. 10,40 bezorgkosten gerekend wordt op die ene cilinder!

Ja bezorgkosten, met geen mogelijkheid dat je zo'n cilinder op je rug mee kunt nemen vanaf het Isla terrein!! Niets van dit alles is bekendgemaakt in een van de lokale dagbladen! Nee heimelijk is dit maar even snel doorgevoerd via internet!

Bij Curgas gebeld te hebben kreeg ik wat vreemde motivaties te horen over deze verhoging. De cilinder zou nu snel bezorgd worden, zeker binnen 5 dagen! Was dat niet meestal de volgende dag bij internet bestellen? Een veel slechtere motivatie was het volgende. *Mensen die via internet bestellen hebben een computer en een credit card. Deze mensen zijn rijk. Mensen die naar de Curgas winkel komen zijn arm en zijn al in een nadeel dat ze later de fles bezorgd krijgen!* In het jaar 2007 gaan we terug in de tijd en gaan we een groter verschil maken tussen rijk en arm! Ongelooflijk en ik kon mijn oren niet geloven na deze verhaaltjes.

Sorry, Curgas het is schandalig dat u internet afstraft door extra te laten betalen en dat ook nog op "arm en rijk" gooit. Voor mij ruikt al dit samen maar naar een ding, verkapte prijsverhoging, niets meer en niets minder. Zet a.u.b. de cilinder voor mij maar vast klaar want ik kom hem wel zelf ophalen.

Socialisme, verkapte communisme?

Met grote verbazing heb ik het voornemen van Dhr. V. De Stefano gelezen in deze krant.

Een nog grotere verbazing toen ik las dat lokale politici deze conferentie, die gehouden gaat worden in april, verwelkomen. Is het niet algemeen bekend dat het regeren op Venezuela gebaseerd is op puur communisme? Steeds meer zie je dat het buurland Venezuela door het huidige regiem geregeerd wordt met harde hand en dat alle vormen van inspraak en democratie de kop in worden gedrukt. Gelukkig behoren wij met onze eilanden in een politiek klimaat wat gebaseerd is op vrijheid van meningsuiting en een vergaande democratie. Maar op een conferentie om de Venezolaanse politiek uit te leggen, op deze eilanden, zit ik heus niet te wachten. Natuurlijk, we leven hier op een democratisch eiland met vrijheid van meningsuiting maar ik vind het wel erg ver gaan dat verschillende lokale politici en instanties hier op ons eiland akkoord gaan met dit soort verkapte promotie voor het communisme "Socialisme genoemd".

Om deze valse voorlichting sta ik niet te popelen omdat democratie hoog staat aangeschreven bij mij. Laat mij m'n vrijheid en democratie behouden en door het leven kunnen gaan als een vrij mens en niet bepaald wordt met alle beperkingen die gebaseerd zijn op een grote leugen die in ons buurland voor wordt gehouden , "Socialisme" genoemd.

Onze aandelen!

Hoe kan het huidige BC denken dat aandelen hen toekomen als er alles en alles aan gedaan wordt om in alles tegen te werken? Niet tekenen houdt automatisch in dat er een regering van de Nederlandse Antillen zal blijven bestaan waar ze hun verantwoording af moeten leggen onder een statuut dat al tientallen jaren in werking is!
Niet tekenen is niet mee delen!

Voor het volk?

Rijd je vanaf Westpunt naar de stad en wat valt je op? De ongecontroleerde puinhoop die zich al laat tekenen overal op de openbare wegen. Een partij steekt er een kop en schouder bovenuit en die is herkenbaar door hun oranje kleur. Ik wil natuurlijk geen namen noemen, want dat zou niet eerlijk zijn en kan de verkiezingen beïnvloeden. Maar deze partij weet hoe mensen aandacht te vragen door overal, op onmogelijkste plaatsen, drums te zetten, die overigens niet geledigd worden door deze partij en daardoor al op verschillende plaatsen op het eiland vuilnisbelten vormen. Daarnaast hebben ze een "deal" gesloten met de internationale bandendealers en overal zie je banden gespijkerd tegen het openbare straatmeubilair waar overigens geen gezagdrager ingrijpt!! Moet ik maar eens een bordje hangen dat er een porch sale is!

Maar het ergste is dat deze partij, die beweert voor het volk te zijn, hun eigen monumentaal erfgoed bekladt met verf! Tot mijn grootste verbazing deinst deze partij niet terug monumentale bouwwerken te bekladden en ook zo de oude overblijfselen van de centrale water afhaal punten hier op Banda Abou! Verder maar niet te spreken over het bekladden van stoepranden, duikers onder de wegen, bomen (ze zijn nl natuurliefhebbers) en palen, kortom alles wat ze op hun weg tegenkomen!

Ongelooflijk dat dit allemaal maar toegelaten wordt en dat zo onze monumenten en natuur beklad en vervuild worden door deze partij. Voor het volk? Och ja, blijft de vraag wat er nog voor het volk rest deze verkiezing. Zeker, wat er zal overblijven zal de sterk vervuilde straten en het beschadigd openbaar meubilair, verder maar niet te spreken over de voorgoed beschadigde monumenten en bomen! Voor het volk.

Voor- en nadelen

Stembiljetten drukken	Afl. 17.500,-
Aanschaf Rode potloden	Afl. 200,-
Stembussen opknappen	Afl. 2.500,-
Totaal	Afl. 20.200,-

Uitgebrachte stem meteen geldig, uitslag bekend na +/- 6 uren.

Aanschaf Smartmatic	Afl. 1.200,000
Jaarlijks onderhoud;	Niet bepaald
Papier inkt;	Niet bepaald
Elektronische uitslag;	Niet geldend
Verdere nadelen;	Te manipuleren.

Uitslag na telling print out, +/- 6 uren!

Denken de huidige bestuurders en experts dat wij, de bevolking nu echt zo naïef en dom zijn?

Verkiezingen anno 2007

Vrijdag avond, heerlijke rustige avond buiten op de porch genietend van de geluiden van de natuur. Eensklaps, vreemd geluid voor ons verder in het dorp. Muziek begint te spelen en enkele spotjes over een partij die ik maar niet nader zal noemen. De Curaçaose vlag staat in het donker te wapperen en het volkslied wordt uit volle borst gezongen door enkele mensen die aanwezig waren. Na deze ceremonie werden wat leden van deze partij voorgesteld en een voor een kregen ze het woord om zo de mensen die aanwezig waren, maar ook de rest van het dorp, te overtuigen dat zij de enige partij zijn die ons eiland kan redden. Het werd een komedie hoorbaar op onze porch, daar er dingen werden verteld die je echt niet serieus kunt nemen. Ik laat er enkele de revue passeren;
- Bewering een; Aqualectra is een semi overheidsbedrijf, ze zijn eigendom van het eiland en eigenlijk zou het water gratis geleverd moeten worden bij ons als consument!!

- Bewering twee; "Slotverklaring" met het woordje "Slot" kan betekenen dat je binnenkort zelfs voor de tamarinde moet betalen.

Nu, verder onthoud ik u maar voor de onzin die uitgekraamd werd door deze partij want het is verder gewoon zonde om deze kostbare ruimte. Het is toch ongelooflijk dat toekomstige bestuurders zo kortzichtig zijn en hun partij op deze manier proberen te verkopen en dan maar niet te denken wat het intelligentie peil is van hen. Verkiezing 2007 beginnend met een valse start, wordt voortgezet met valse voorlichting om daarna een gemanipuleerde verkiezingsuitslag te krijgen!

Hopelijk dat er buitenlandse waarnemers gestationeerd worden. Wij kiezers hebben namelijk recht op toezicht van buitenaf, zeker nu er zelfs wetten veranderd worden en onbetrouwbare apparatuur gebruikt gaat worden om zo de verkiezingen te manipuleren.

Bewezen is, en te vinden op internet, dat je stemt op partij A en dat de werkelijke stem naar partij B gaat, met of zonder uitdraai! Waar blijft ons niet manipuleerbare potlood voor een eerlijke verkiezing?

April 2007
Van geen kant een krant!

Na ruim 17 maanden ben ik het toch wel zat. Woont U ook op Banda Abou en bent u ook een slachtoffer van wel een krant betalen maar geen krant in de bus vinden? Nu, in mijn omgeving weet ik al enkele van deze "slachtoffers" inclusief ondergetekende.

Het loopt de spuigaten uit, we hebben hier een bezorger die komt wanneer hij wil. Er zijn weken bij waar de krant maar 2 maal per week bezorgd wordt en dan maar niet te spreken over de tijd tussen 7 tot 10 uur 's avonds! Middagkrant noemen ze dat!

Na ruim 100 telefoontjes naar Districo en vele faxen/mails naar de directie Amigoe is het kennelijk onmogelijk dat er een bezorgende bezorger voor de krant gevonden kan worden op Banda Abou. Deze afgelopen week was het echt het toppunt, de hele week heb ik maar EEN MAAL de Amigoe mogen ontvangen! Ja u leest het goed, EEN maal! Bellen heeft geen zin want er wordt niet opgenomen of men belooft dat er een krant bezorgd wordt, schrijven heeft ook geen zin want je zal nooit en te nimmer een antwoord krijgen.

Bent U ook een gedupeerde van deze niet bezorgende krantenbezorger en de wanprestatie van Districo en Amigoe, neem dan contact met ondergetekende op, wie weet kunnen we samen meer ondernemen tegen dit wanbeleid en het niet leveren voor wat je betaalt!

Maart 2007
Decadent en niet te rijmen

Op een eiland waar zoveel nood, ellende, pijn en waar het merendeel van de bevolking onder het bestaands minimum leeft zijn er personen/bedrijven die durven een brug af te sluiten (openbare weg) om daar tafels en stoelen te plaatsen die verkocht worden voor 350 gulden voor een etentje!

Het is toch wat om de meest rare fratsen uit te halen om zo in de publiciteit te komen. Grote bedrijven deinzen kennelijk nergens meer voor terug om zo hun naam in de publiciteit te krijgen door het te sponsoren. Maar erger nog, er zijn mensen die hier nog intrappen en geld voor uitgeven! Ze moesten zich allemaal schamen! Het is triest en tekenend voor de mentaliteit van de huidige bedrijven en dat deel van de bevolking, dat nergens meer voor terugdeinzen als ze maar opvallen.Vreemd genoeg, daar wordt ook nog vergunning voor gegeven! Kennelijk is hier dus toch alles te "regelen"!

Gelukkig weten we nu hoe verschillende bedrijven en perso-nen denken over onze lokale bevolking en heerlijk kunnen smullen met eten zoekende/dakloze mensen om hen heen! "Moet kunnen toch" is kennelijk hun motto en een geweten is er niet te vinden bij hen.

Voor mij een reden om in ieder geval deze bedrijven te vermijden.

Mei 2007
Dieren(leed)bescherming

Nu, wonend 2 jaar hier op Banda Abou moet er toch wat van mijn hart. Rondrijdend hier op Banda Abou laat mijn hart soms vreselijk krimpen en schaam ik dat ik een mens ben. Waarom?

Even wat dingen noemen.
- Een hond gebonden aan 1 meter touw, aan een struik in de kokende zon zonder water zonder eten!

- Een hond met 6 jonge hondjes waar je elke dag een lijkje ziet liggen want moeder krijgt niets te eten, laat staan verdere verzorging!
- De 10 tallen parkietjes die wekelijks gevangen worden voor verkoop en dan langs de weg gezet worden, op hun erf, dag in dag uit zonder eten, zonder water!
- De leguanen / duiven die letterlijk met tientallen doodgeschoten worden voor de soep!
- De geiten die rondlopen met de bekende driehoek om hun nek waar ze dan ook niet voor schromen om deze driehoeken te gebruiken om de nekken van hun hond!
- De kadavers die je zeer regelmatig ziet liggen en ruikt, want ze hebben diverse geiten gestolen en geslacht langs de weg!
- De honden die op straat lopen binnen enkele uren vergiftigd zijn door een gif wat een vreselijke werking heeft, dit omdat deze honden z.g.n. geiten aanvallen!
- De honderden kippen die gestolen worden en dan dagelijks verkocht worden door deze gasten aan de lokale chinezen en andere eetgelegenheden!
- Een andere hond, die als huis een omgevallen drum heeft, met 2 meter touw, zonder water in de kokende zon de gehele dag!
- De wilde katten die met tientallen rondzwerven en vechten om een beetje eten!

En zo beste mensen zou ik deze krant vol kunnen schrijven met het dierenleed wat hier op Banda Abou plaatsvindt. Dagelijks schreeuwt mijn hart om "iets te doen", regelmatig heb ik bij het bestuur van de Dierenbescherming melding over dit leed gedaan. Maar wat dan nog meer pijn doet is, dat je van een van de bestuursleden te horen krijgt. "Waarom ga jij niet ingrijpen want wij doen ons best hier in de stad want Banda Abou staat nog lang niet op de lijst"!

Dan krimpt mijn hart helemaal want de 24 jaren dat ik me ingezet heb voor dieren hier op het eiland heb ik niet geweten dat de Dierenbescherming alleen maar de "luxe stad" als werkterrein heeft. Dit blijkt ook wel omdat meldingen niet behandeld worden en dat er NOG NOOIT een campagne gevoerd is hier op Banda Abou om de mensen te heropvoeden.

Nooit zijn deze mensen benaderd en wordt het zeer zware dierenleed wat hier gaande is aangepakt, nee kennelijk zit Banda Abou nog lang niet in hun planning!

Het doet pijn en ik schaam me als ik hier dieren in hun ogen kijk, dat ik een mens ben die met handen en voeten gebonden is aan onkunde vanuit de stad met als een luxe organisatie Dierenbescherming noemende. Hebben de dieren elders op het eiland ook geen recht op een normaal bestaan?

Prioriteit?

Het volgende wil ik u onder uw aandacht brengen. Wat is belangrijker voor U? Dat er een mooi groen grasveld is als u aan het golfen bent of dat u groenten en fruit kan eten van eigen bodem?

Nu, kennelijk is het duidelijk dat de overheid belangrijker vindt dat de golfers in de kokende zon over een groen grasveld kunnen lopen dan dat de lokale tuinders en boeren voorzien worden van water!

Waar doel ik hier op? Nu, wij boeren en tuinders van Banda Abou hebben een chronisch tekort aan water. Grondwater is soms sporadisch te vinden, zelfs op dieptes van meer dan 60 meter. Ook zijn er grote gedeelten op het eiland waar geen water in de grond zit. Een van de landbouwers investeerde laatst een kapitaal om een watertruck te kopen om zo verschillende landbouwers te voorzien van water. Toen deze man ging informeren om water te kopen bij de waterzuivering Piscadera bleek dat al het water bestemd is voor het groene grasveld van de golfbaan Blauwbaai! Ja u leest het goed, een peperdure installatie die gefinancierd is met gemeenschapsgelden en onderhouden wordt van ons belastingsgeld is voor een golfbaan bestemd! Het was voor deze man alleen mogelijk om water te kopen 20 km verder richting Seru Loraweg. Helemaal van Westpunt rijden naar Seru Loraweg om water te halen! Dan ook nog wetende dat er een waterzuivering op Tera Cora is die ondertussen compleet gesloopt is door de mensen die wat materiaal nodig hadden voor zichzelf en nu troosteloos en geheel gesloopt tegen de noordkant staat weg te rotten! Ook weer gemeenschapsgeld wat verkwist is. Het is in en in triest dat de overheid totaal niet opkomt voor de lokale bevolking en zeer zeker niet voor de landbouwers die het in deze zeer droge tijd vreselijk moeilijk hebben om het eiland te voorzien van paprika's, promenta's, boontjes en andere lokale gewassen, waar de mensen dagelijks om vragen en momenteel zeer schaars zijn te verkrijgen. Nee de overheid vindt het veel belangrijker dat een paar golfers hun balletje kunnen putten dan dat we proberen een goed landbouwbeleid te voeren en de lokale markt beter te voorzien van eigen producten.

Och wie weet gaan later deze overheidsmensen ons toelaten op het golfterrein om zo wat gras te mogen plukken waar wij als lokale bevolking maar van moeten leven! Het is in en in triest daar wij als lokale landbouwers moeten toezien hoe zeer schaars water verspild wordt door een "onderlinge" afspraak die eens gemaakt is met vorige bestuurders en de eigenaar van Blauwbaai. Weg water en ondertussen staan onze gewassen te schreeuwen om een druppel water terwijl het verspild wordt voor een golfterrein!

Triest en onaanvaardbaar dat hier niet ingegrepen wordt en dan maar blijven beweren dat ze voor de lokale bevolking op zullen komen! Wanneer zal de eerste bestuurder dit werkelijk eens gaan doen?

Voor het volk?

Voorpagina nieuws;
"Riant pensioen voor leden Eilandsraad"
Pagina 2 van dezelfde krant;
"Medewerking private sector nodig in aanpak armoede"

Het is toch ongelooflijk dat de partij die de armoede hier op het eiland zou gaan aanpakken en voor het volk is, zichzelf wel riante pensioenen aanmeet zodat ze op hun oude dag er warmpjes bijzitten terwijl de "gewone bevolking" niet meer weet rond te komen vanwege de zeer hoge vaste lasten! Voor het volk?

Waar blijft de aanpassing voor ons gepensioneerden? Het is werkelijk om te huilen dat dit nog mogelijk is anno 2007. We blijven hopen dat er werkelijk eens een partij komt die voor het volk gaat opkomen, denkend aan de vele gezinnen die het moeten doen met een "aalmoes" van deze raad.

Een woord van dank

Enkele weken geleden moest ik uitwijken en eindigde de rit tegen een lichtmast van Aqualectra nabij Tera Cora. De bewuste paal eindigde op de plaats waar normaal de versnellings pook behoort te zitten. Bij het uitstappen waren er meteen mensen behulpzaam en die willen we hier nog eens extra vermelden en bedanken voor hun inzet en hulp.

Allereerst de politieman die de hele situatie gezien had daar hij bij de bushalte stond. De medewerker van roadservice, die op weg was naar huis, de situatie opnam, foto's maakte en zijn collega belde om de verklaring te komen opnemen. De verkeerspolitie en raspa team die snel aanwezig waren en alles in goede banen leidden. De mevrouw wiens wagen we niet meer konden ontwijken maar alles goed opnam. Aqualectra en Uts personeel die meteen kwamen kijken of er geen gevaarlijke situatie was ontstaan door de klap. De diverse mensen om ons heen die bezorgdheid toonden en water brachten. De ambulance dienst Cems die ons direct vervoerde naar het Sehos waar we keurig geholpen werden. Het towing bedrijf Rpm masters die netjes onze wagen ontvouwde van de paal en hem wegbracht. De verzekeringsmaatschappijen Fatum en Nagico die met tussenkomst van onze agent Seguros Brouwer alles netjes regelden voor alle gedupeerden. De vrienden die behulpzaam waren en regelmatig informeerden hoe het met ons ging.

Kortom, het is fijn te weten dat er zoveel geluk bestaat bij een ongeluk en dat er mensen zijn die je werkelijk helpen in nood. Langs deze weg willen we alle instanties en alle mensen die ons hielpen hartelijk bedanken voor hun inzet, tijd en belangstelling.

Namens, Adrie, Elsa en John Baselmans

Juni 2007
Waar wachten ze nog op?

Het is algemeen bekend dat de weg naar westpunt een zeer gevaarlijke weg is, "dodenweg" is al geruime tijd zijn bijnaam! Dag in dag uit zijn er aanrijdingen en gebeuren er zeer zware ongelukken waarvan jaarlijks verschillende met dodelijke afloop. De weg, die door steeds meer wagens bereden wordt en in de 25 jaren die ik op dit eiland woon, nog nooit is aangepast aan het veel hogere verkeersaanbod. Erger nog, het wegdek is op sommige plaatsen een gatenkaas en ben je verplicht uit te wijken of te stoppen als er een tegenligger komt.

Ik ben ook hierdoor regelmatig in zeer gevaarlijke situaties terechtgekomen. Kort geleden liep het minder goed af en onze nieuwe wagen was totall loss. Gelukkig dat wij het er levend van afgebracht hebben en geen blijvende beschadigingen aan hebben overgehouden. Geluk noemen ze dat maar helaas dat is niet voor iedereen het geval. Jarenlang hoor je de meest rare opmerkingen van de oud politici die allerlei kronkels aanhalen waarom deze weg niet aangepast dient te worden aan de hedendaagse stroom van (zwaar)verkeer die zich beweegt naar de stad. Nee, zelfs wetenschappelijk bewezen rapporten worden er bijgehaald die vanuit Nederland binnen zijn gehaald maar die totaal niet slaan en van toepassing zijn op deze gevaarlijke weg. Het is onmogelijk om, om de 25 meter een politieagent te zetten waar de weggebruikers gecontroleerd worden op hun rijgedrag. Heropvoeden van deze wegpiraten is niet de oplossing op een korte termijn en zal vele jaren en ongelukken duren eer deze mensen in gaan zien dat ze een tijdbom zijn op de weg, het heropvoeden zal samen moeten gaan met een veiligere weg.

Als ik over deze weg rijd komt alsmaar de vraag in me op, "Hoeveel mensen moeten er nog sterven of ongelukkig worden op deze weg?" 25 jarenlang een tweebaans weg voor verkeer dat in die 25 jaren wel vele malen verdubbeld is. Ik hou mijn hart vast zodra de nieuwe projecten richting Band Abou klaar zijn en ook die mensen naar hun werk moeten 's morgens. Nog meer gevaarlijke situaties en nog meer wagens over deze gatenkaas. Hoeveel slachtoffers moeten er nog vallen? Geld? Het is triest dat er dagelijks mensenlevens op het spel gezet worden omdat daar geen geld vrijgemaakt kan (lees wil) worden om deze "dodenweg" te veranderen in een veilige verbindingsweg van oost naar west!

Is er niet eens een subsidie toewijzing geweest vanuit Nederland om deze weg aan te passen? Nog even, dan staat deze hele weg bezaaid met kruisjes, wat je dagelijks triest maakt, wetende dat zoveel mensen hun leven al verloren hebben door onwillende politici. Hopelijk dat met het inluiden van een nieuw politiek tijdperk er ook politici zullen zijn die deze situatie niet meer langer accepteren anno 2007. Een situatie waar dagelijks duizenden mensen hun leven in de weegschaal moeten leggen om heelhuids op hun werk te kunnen verschijnen en om tegen de avond veilig bij hun gezin thuis te kunnen komen.

Het wachten is op die persoon die nu durft actie te ondernemen. Er is al veel te veel leed geleden en veroorzaakt door deze weg. Er mag geen volgend slachtoffer meer zijn.

Verkeersveiligheid

Meneer Pasman, een geweldig stuk en ben het helemaal met u eens. U heeft wel een kardinaal punt vergeten, de heropvoeding van politie en overheid! Want waar zijn ze en wat doen ze aan heropvoeding? Helaas niet veel, ook hun voorbeeld laat veel te wensen over. U mist in uw stuk een zeer belangrijk gedeelte en dat zijn de slecht onderhouden wegen en de wegen die niet meer voldoen aan de huidige dagelijkse verkeersbewegingen.

Ik weet niet hoeveel maal u de weg naar westpunt rijdt maar voor vele mensen is het wel 2 tot 3 maal per dag op en neer. Een weg die ook wel "dodenweg" genoemd wordt omdat er jaarlijks alleen al verschillende slachtoffers vallen en maar niet te spreken over de dagelijkse ongelukken met blikschade of blijvend letsel. Een hoofdweg, zoals de weg naar westpunt, waar dagelijks vele automobilisten hun leven in de waagschaal moeten leggen omdat deze weg het verkeer niet meer aankan en ook nog in een zeer slechte staat is. Op de weg naar westpunt zit je dagelijks achter bange mensen die niet harder durven te rijden dan 50, daarnaast heb je de kamikazen die links, of in de bocht, in blijven halen met een slordige 120 en niet opzij gaan als er tegenliggers komen, nee die moeten maar wijken.

Daarnaast het zwaar verkeer zoals, loaders, zware vrachtwagens en bedrijfswagens die niet harder gaan dan 50 en stug blijven op hun baan. Ze kunnen niet veel anders want deze weg is een enkel baans weggetje waar vele duizenden mensen dagelijks gebruik van moeten maken. Dit gaat erger worden als de nieuwe projecten klaar zijn en er nog meer verkeersbewegingen dagelijks komen. Opvoeden, ja, maar laten we ook onze bestuurders opvoeden zodat er wegen komen die wel aangepast zijn of op zijn minst onderhouden worden anno het verkeer van 2007 om zo het verhoogde verkeersaanbod te verwerken op deze wegen en mensen een veilig thuiskomst bieden. Afgelopen tijd zijn kapitalen gespendeerd om zandwegen midden in de knoek te asfalteren enkel en alleen om stemmen te winnen maar voor een weg, waar zoveel dodelijke ongelukken gebeuren, wordt niets ondernomen zelfs niet degelijk onderhouden.

Geld? Er is geld en overigens, waar een wil is een weg, maar helaas niet voor de weg naar Banda Abou en zo wordt er dagelijks gespeeld met vele mensenlevens.

Wij mensen van Banda Abou blijven hopen dat er eens ingegrepen gaat worden van overheidswege, zodat ook wij weer een veilig gevoel hebben als we naar huis rijden over onze toegangsweg. Veilig, ja veilig, voor ons allemaal en voor ons hele gezin.

Geloven?

Zat me laatst af te vragen waarom al die herrie in het dorp om mensenzieltjes te winnen. Wat gebeurde er?

Sinds kort zijn we weer een tent rijker in ons dorp Barber. Tenten die met bosjes her en der oprijzen, het eiland rond. Een predikant doet daar wekelijks zijn woord om zo de mensen dichterbij God of zijn eigen geloof te brengen. Toch, als ik deze beste man hoor lijkt het er op dat je op de marinebasis Parera staat, netjes in een rij, waar een sergeant zijn geloof staat te verkondigen. Die goede prediker staat me daar te schreeuwen en te bevelen, er zijn momenten dat je denkt "Nu krijgt hij een hartaanval"! Met veel herrie en geschreeuw staat hij te verkondigen waarom zijn geloof goed is en andere niet. Ik heb altijd gedacht dat er vrijheid van godsdienst was en dat ieder mens kan kiezen welk geloof het best bij hem past. Maar deze man schreeuwt letterlijk door het dorp waarom je bij hem moet komen. Daarnaast gaat hij tot laat door op de avond, terwijl de meeste mensen al op bed liggen, staat deze man nog te schreeuwen over zijn geloof. Schiet toch de vraag door mijn hoofd "Is dat wat geloof is en in moeten geloven?"

Waarom geen respect naar de buurtbewoners toe en de volume eens wat zachter zetten? De mensen in de tent horen u toch wel. Als u wat te verkondigen hebt doe het met respect naar uw medemens toe en respecteer dat heel veel mensen op Barber erg vroeg naar bed gaan omdat ze doorgaans 's morgens rond 4-5 uur al op staan om te gaan werken op het land of in de stad. In mijn ogen is het geloof verkondigen niet het schreeuwen naar mensen toe maar het uitdragen van respect voor elkander, medeleven en helpen in nood. Misschien dat deze predikant eens door gaat krijgen dat je door negatief te schreeuwen en tot laat herrie te maken je zeker geen zieltjes kun winnen, laat staan afdwingen. Laten we geloven, maar laten we geloven in stilte zoals in elk geloof, door bidden of mediteren ,wordt gedaan. Dat brengt de meeste kracht voor ons allemaal.

Zie het positief!

Het kon niet uitblijven dat de heren en dames politici door de mand zouden vallen. Diegenen die zo hard riepen en tierden, als er een stuk in de krant of bij lezingen iets gezegd werd wat hen niet aanstond, zijn nu duidelijk door de mand gevallen en hebben aangetoond dat ze wel degelijk daar zaten om zichzelf te verrijken. Scheldpartijen, verrijking en mensen kleineren door deze politieke vertegenwoordigers waren de normaalste zaken.

Maar alles heeft tijd nodig en gelukkig het is zover. De kaarten zijn open het volk is nu duidelijk geworden en het is bewezen waar deze wolven op uit waren, GELD. Eindelijk, ja eindelijk is de politiek gevallen en opengebroken en mooier nog, we zijn kennelijk als burger toch een eenheid geworden en nu komen er van alle kanten protesten, ook vanuit de landelijke politiek maar ook internationaal is afschuw gesproken over deze verrijking. Laten we dit voorgoed uitbannen door wetten en regels te gaan stellen tegen dit soort praktijken. Het wachten is nu op onze Gouverneur die hopelijk het recht laat spreken en zo alle benoemingen en "last minute" beslissingen van deze politici vernietigt. Misschien zou een vervolging ook op zijn plaats zijn, want als wij als burger dit zouden doen in deze maatschappij zaten we al lang veilig opgesloten in het huis met de goede toekomst!

We wachten af en de ogen zijn gericht op U Zijne Excellentie. Positief blijft het! Het heeft ons in ieder geval als bevolking weer één gemaakt en alle ogen geopend!

Juli 2007
Telecommunicatie

Minister Adriaans is duidelijk op de post van communicatie aanwezig. Zoals we konden lezen gaat hij proberen UTS te beschermen door de het goedkoper bellen via internet aan te pakken.

Ook hoorde ik al dat er gedachten opgaan om deze aanbieders (o.a. Skype, Net2phone) te blokkeren of ons extra voor te laten betalen. Komen twee vragen direct in me op. Vraag een; Is er geen wereldwijde afspraak/verdrag dat landen telecommunicatie wereldwijd mogen voeren en aanbieden? Vraag twee: Bij een eventueel blokkeren door IP adressen of extra te laten betalen voor deze aanbieders tast je dan niet de vrijheid van ons burgers aan? We kunnen onbeperkt op allerlei terroristische/gewelddadige/seks sites komen maar de telecommunicatie van andere landen gaan we blokkeren of extra belasten! Is het niet een beetje een vreemde gedachtegang? Deze acties worden alleen door een minister bedacht omdat ze een telecommunicatie bedrijf UTS niet draaiend kunnen houden omdat het uitpuilt van de vele mensen die daar werken. Triester nog, als het zo is dat UTS het niet aan kan, blijken zij wel het enige communicatiebedrijf ter wereld te zijn wat niet weet gebruik te maken van de vreselijke vraag naar communicatie. Wereldwijd zijn de telecom bedrijven een van de machtige bedrijfstak, alleen op Curaçao is het kennelijk niet zo en draaien ze verlies! Zet dat minister Adriaans niet tot nadenken?

Oplossingen zoeken zou reëler zijn als het bedrijf eens grondig gereorganiseerd zou worden en gekeken gaat worden waarnaar toe "het grote geld" verdwijnt. Misschien is dit een andere oplossing voor u minister Adriaans.

Ik wens u veel succes toe met het zoeken naar een oplossing buiten het afsluiten en verboden verklaren van telecom bedrijven van buiten af.

De bal

De hele gemeenschap is het erover eens, het besluit over de riante salarissen /pensioenen en wachtgeld regeling moet terugge-draaid worden.

Op dat moment kwam er een balletje in het spel, het balletje van wie gaat deze beslissing nemen? Van de landsregering wordt de bal gespeeld naar de gezaghebber, die het kaatst naar de eilandsraad die op zijn beurt de "achterban" raadpleegt en het naar de Gouverneur terugspeelt. Niemand van heel politiek Nederlandse Antillen die het lef heeft om een onpopulaire beslissing te nemen. Zeker een teken hoe de huidige politici zijn. Geen van allen durven iets te doen of geschiedenis te schrijven in positieve zin van het woord. Mooier nog, de mode is kennelijk, dat als er een moeilijke beslissing genomen moet worden je gewoon wegblijft uit die vergadering. Hoofdpijn, zich niet goed voelen of andere verplichtingen (lees smoezen) hebben, worden aangehaald om zo, over niet minder populair onderwerpen, beslissing te moeten nemen. Wij burgers zijn overal ter wereld ver-plicht op ons werk te verschijnen, te klokken en aan de slag te gaan. Hier op Curaçao blijven politici weg met een smoes en zo blijven land en eilandsbelangen liggen tot de dames en heren zin hebben om bij elkaar te komen. Dit alles zonder enig respect naar de bevolking toe.

Beste bestuurders voor mij is dit hele voorval een grote afgang voor u, u allen laten duidelijk zien dat u niet in staat bent om een belangrijke beslissing te nemen en proberen alle moeilijke situaties te ontwijken om zo af te wachten op hoger ingrijpen. Wie zal opstaan en een werkelijk politiek leider worden die verantwoordelijkheid durft te nemen en te dragen?

Omgekeerde wereld

Soms geloof ik werkelijk dat ik op een eiland woon dat achterstevoren beweegt. Bijvoorbeeld; Men zet een peperduur gebouw op een van de drukste punten van Curaçao neer (in dit geval Emmastad). Als het gebouw klaar is komen deze mensen erachter dat het moeilijk is om in het spitsuur snel de hoofdweg op te kunnen. Wat doet men? Je vraagt gewoon om een eigen weg aan te laten leggen bij DROV wat dan betaald moet worden met gemeenschapsgeld (lees ons belasting geld).

Ik vraag me af, wist meneer Melfor niet dat Emmastad in het spitsuur druk is en moeilijk bereikbaar? Of ging u er al maar gewoon vanuit dat de gemeenschap even op gaat draaien voor een misrekening in uw planning? Echt, ik probeer alles positief te benaderen maar ik vraag me hier af wie dit gebouw daar gepland heeft en hoe het mogelijk is dat u nu de gemeenschap wil laten opdraaien voor deze kapitale fout! U doet goed werk Cems maar helaas uw planning is niet helemaal zuiver geweest volgens mij. Een privé weg naar uw gebouw geen probleem, vergunningen zijn te regelen als u zelf maar de aankoop van de grond en de infrastructuur allemaal bekostigt.

Het doet je goed

Elke dag, als ik de krant open sla, heb ik zoiets van, wat krijgen we vandaag weer allemaal voorgeschoteld. Alsmaar de negatieve stukken in kranten, TV en radio over vechtende mensen zowel in de politiek als verder in onze maatschappij. De vele negatieve ingezonden- en redactionele stukken waar mensen elkaar aanvallen en kennelijk niet meer weten dat een goed gesprek veel op kan lossen.

Ik vraag me af, kunnen mensen nog wel praten of fatsoenlijk vergaderen? Daarom is het zo fijn te zien dat de krant steeds meer positieve stukken plaatst.

Onze jeugd die het zo goed doet in de Koninkrijksspelen, gewoon geweldig! Verdere atleten zoals Churandy Martina die weet Curaçao op de kaart te brengen in de atletiek wereld. Dit al voorafgegaan door Andruw Jones in baseball en niet te vergeten onze jeugdige baseball spelers die bijna jaarlijks een topprestatie leveren. Ook ons dameshockey team dat toch maar even laat zien dat deze sport geen gewoon balletje "meppen" is en ook in de hockey wereld laat zien dat de Antillen niet alleen paar eilandjes zijn in een grote plas. Onze Judoka's en andere vechtsporten waar zeer regelmatig mooie successen behaald worden. Onze zwemmers, waterpoloërs enz. en nog heel veel mensen die ik vergeten ben. Maar waar het mij omgaat, is dat het gewoon geweldig is dat in de zeer negatieve maatschappij waarin we leven er toch kinderen en ouderen zijn die het leven positief zien en weten wat positief vechten is. Het is heerlijk om te weten dat het nog bestaat en dat er nog degelijk een toekomst is voor ons klein eilandje in de o zo grote plas dicht tegen Zuid Amerika aan.

Het doet mij goed, en ik weet zeker vele anderen met me, dat er zoveel aandacht besteed wordt aan deze positieve prestaties. Geen gebekvecht op papier en gekeuvel over de meest onzinnige dingen waar totaal geen perspectief geboden wordt als alleen maar aanvallen en beschuldigen onderling. Nee, we hebben mensen zoals onze sporters nodig die hun mond houden en gewoon laten zien hoe het wel kan. Vallen, opstaan, incasseren en doorgaan tot dat we de finish behaald hebben.

Pabien alle medaille winnaars, ook voor alle sporters die ditmaal niet in de prijzen vallen maar allemaal stuk voor stuk winnaars zijn omdat ze hebben laten zien dat ze positieve vechtlust hebben. Er kan nog veel geleerd worden van hen heren en dames politici en niet te vergeten de ander zeer negatief ingestelde personen hier op het eiland!

Augustus 2007
En toen was het stil

Vol afschuw en met veel bombarie rond het besluit van de mega salarissen werd er veel geschreven en geschreeuwd over onze oude bestuurders. Al geruime tijd lees, hoor of zie je nauwelijks iets over dit onderwerp in kranten of op de tv. Stil is het, zeer stil want het wachten is op..... U mevr De Jongh-Elhage!

Volgens een brief wat ik heb mogen ontvangen van het Kabinet van de Gouverneur blijkt dat alle stukken weer bij u terug beland zijn en dat U diegene bent die nu een beslissing moet nemen.

Het moet toch niet zo moeilijk zijn om in deze zaak een besluit te nemen neem ik aan. Er is meer dan genoeg en duidelijk bewijs dat deze besluiten, van onze oud bestuurders, niet conform de regels gegaan zijn. Waar wacht u op? En waarom is het zo stil?

We hebben als burger eeuwig geduld hoor, wij weten dat eens het recht zal geschieden.

Voorstel aan Dhr Rutte

Als de Nederlandse regering, alle criminelen van de Antillen gaat terugsturen, mogen wij dan als Antilliaanse regering alle buitenlanders (lees Nederlanders) terugsturen die hier; de zaak komen oplichten, geldwassen, onafgebouwde projecten opstarten en snel vertrekken, de eilanden verzieken met machtsmisbruik, misbruik maken van subsidies, met goede bedoelingen opgezette instanties op te lichten?

Scheelt ons veel controle en minder weggesluisd geld van onze eilanden naar elders!

Ook zou het hier op de eilanden wat rustiger en goedkoper worden als wij Antilliaanse bevolking niet langer opgezadeld zouden zitten met opgeschroefde / scheefgetrokken prijzen van goederen en huizen!

Dit lijkt me een eerlijke en nette ruil, denkt u niet heer Rutte?

Inhaalslag Rekenkamer

Vraag ik me toch af wat deze mensen 16 jaren lang gedaan hebben? Hopelijk zijn ze betaald naar gelang de arbeid die ze verricht hebben. Het kan toch niet zo zijn dat ze betaald worden alleen maar voor hun aanwezigheid!

Zou toch niet eerlijk zijn naar de mensen toe die volle zware dagen draaien en hard moeten werken voor hun soms armoedig salaris. Ik wens alle rekenaars veel succes, en pas op! Raak niet overwerkt!

Is Aruba werkelijk bezweken?

Met grote verwondering hebben wij het stuk mogen lezen van de heer Lopez. Waarom is Aruba bezweken wordt er afgevraagd? Simpel antwoord. Omdat ze internationale wetten moeten respecteren en macho gedrag ver verleden tijd is. Er zijn vele tegenstrijdigheden in het stuk van de heer Lopez.

- Chantage? Gewoon omdat er een internationale wet (niet Nederlandse wet) bestaat die ook Aruba heeft na te leven?
- Dan uw minister van Justitie die zijn "lichaam en ziel" in heeft gestoken zoals u aanhaalde, om deze belachelijke situatie op alle mogelijke fronten te boycotten en tegen te werken!
- Dan het punt gelovig zijn.

Wat gaat u doen als vader, als uw zoon of dochter naar u toe komt en u vertelt: "Pa ik heb een vriend of vriendin"?

95

Laat u dan uw eigen kinderen vallen?

We hebben verschillende gevallen meegemaakt waar ouders hun kinderen afstootten om deze kortzichtigheid. Kinderen die zelfmoord pleegden omdat hun ouders ze niet meer begrepen of wilden zien. Zeer trieste gevallen waar veel pijn bij te pas komt. Het geloof zouden we een boekwerk over kunnen schrijven maar we lichten hier enkele punten uit; Is het niet die R.K die met goud behangen in alle kerken nog meer geld willen vergaren? Is het niet de R.K (lees Bisdom) die mensen uit huizen zetten omdat ze de huizen met vette winst willen verkopen? Zijn het niet die priesters en andere R.K bekleders die alsmaar in het nieuws komen omdat ze kinderen lastig vallen op zijn zachtst gezegd? Is het niet de R.K die hun eigen homo priesters accepteren in de kerken rond de wereld maar zoveel mogelijk proberen te verzwijgen? We houden hiemee op want zo zouden we een hele krant kunnen vullen met voorbeelden waar wij alle bewijzen om ons heen zien, horen en lezen! Als de heilige boeken op de juiste manier worden geïnterpreteerd dan zou u ook kunnen lezen dat Jezus Christus, Boeddha en Allah of welk geloof dan ook, maar een ding voor ogen hebben en dat is mensen nader tot elkaar brengen en elkaar begrijpen en te helpen in moeilijke tijden die ze doormaken hier op aarde. Dat is wat in alle heilige boeken staat beschreven, welk geloof dan ook. Sorry, om te verschuilen achter een geloof is niet de juiste manier om een standpunt naar buiten te brengen. Eerlijker was als er niet altijd het geloof bijgehaald zou worden en puur de mening van de mensen zelf op tafel kwam en dat is duidelijk dat de meeste mannen op de Antillen maar duidelijker nog op Aruba, nog in hun macho pubertijd zitten en menen dat mannen vrouwen moeten hebben als een bezit.

Beste mensen, wordt wakker! Onze maatschappij valt en staat niet omdat er mensen zijn die nog werkelijk van elkaar houden of dat nu man met man of vrouw met vrouw is. De maatschappij valt omdat de regeringen niet ingrijpen in de grootschalige corruptie, het meewerken aan de criminaliteit en niet te vergeten de drugshandel. Daarom gaat de maatschappij zienderogen achteruit! Niet door liefde vervalt een maatschappij! Laten we gelovig afsluiten en hopen dat alle mensen samenkomen, samenwerken en elkaar verstaan. Welke nationaliteit, welk geslacht, welke kleur, en geloof dan ook. Laten we elkaar helpen. Dat is het uitgangspunt van elk geloof en elk heilig boek hier op aarde.

Overheidsinstanties

Keer op keer zie je toch stukjes in de krant over het niet functioneren van verschillende overheidsinstanties en bedrijven. Zelf heb ik ook al verschillende malen melding gemaakt over verschillende gevallen. Toch zijn er wat kantekeningen.

Over het geval UTS mail, dit stond wel degelijk in de krant (dinsdag 21 augustus) en een mailprobleem is dat niet altijd snel op te lossen is, daar kan ik over meepraten met mijn eigen mailserver. Soms is het een vreemd probleem wat er zich afspeelt. In dit geval heer Schellekens is de opmerking niet terecht. U heeft gelijk als het gaat over voorlichting daar schort het zeker nog aan maar dat is bij de meeste overheidsinstanties, maar dat is niet alleen bij voorlichting maar ook de andere baantjes die bij vele overheids instanties/bedrijven bekleed worden. Dat is niet vreemd omdat bij deze instanties meestal mensen zitten die politiek benoemd zijn of maar snel naar binnen geloodst zijn om ze zo aan een baantje te helpen.

Laatst maakte ik dat nog mee bij bureau intellectuele eigendommen waar je letterlijk van het kastje naar de muur wordt gestuurd voor informatie en kennelijk de mensen de hele dag vergaderen! De trouwens meest voorkomende smoes bij deze bedrijven door deze profiterende mensen. Wel is het een vast gegeven, als je niet volhoudt om de juiste persoon te vinden dan weet je dat bij deze bedrijven/kantoren verloren raakt.

Mooi voorbeeld is kadaster waar nog steeds is dat je bij extra betaling veel sneller (die week nog) geholpen wordt als dat je, je beurt afwacht en soms 5 jaren op een lijst blijft staan! En zo kun je vele voorbeelden aanhalen die hier nog dagelijks gebeuren.

Toch al bij al mag je het niet in zijn algeheel zo negatief zien door vol te houden en naar de juiste weg te vragen en je eenmaal de juiste persoon heb te pakken dat je klacht/probleem wel degelijk behandeld wordt.
Er zijn bij al deze instanties/bedrijven mensen die wel hart voor de zaak hebben en wel overuren draaien om weer iets aan de praat te krijgen of klanten te helpen. Frustrerend voor hun dat ze keer op keer moeten mee maken dat hun eigen collega's er een potje van maken en alles zien als een vakantieoord. Het is daarom ook jammer dat deze mensen onder diezelfde noemer worden gesteld van niet werken niet interesserend personeel.

Daarom wil ik toch die mensen die wel hun werk doen en wel op hun post zitten veel sterkte toewensen voor de zeer moeilijke taak waar ze mee bezig zijn. Voor mij bent u allen een bewijs dat er wel degelijk werknemers zijn die hart voor hun werk hebben en zorgen dat het bedrijf nog op poten blijft. Het zijn u die anderen zeker zover kunnen krijgen dat ze wel wat klantvriendelijker en service gerichter gaan worden. Blijf volhouden en voor u allen een pluimpje.

September 2007
FZOG

Premie verhoging! Enkele dagen geleden groot in de krant. Daarvoor lazen we dat de FZOG de medische wereld niet betaalt en eerst wacht tot er dreigementen komen of rechtzaken eer er wat geld over de brug komt. Vraag me toch af wat er allemaal gebeurt met de bijdragen die wij maandelijks doen als gepensioneerden.10.000 mensen die een aanzienlijk bedrag maandelijks vertegenwoordigen en zien verdwijnen van hun pensioengelden. Zelfs de premie is zo hoog dat je daar makkelijk een vol pakket kan nemen bij elke ziekteverzekeringsmaatschappij hier op het eiland. Als je na gaat vragen of het mogelijk is dat de premie niet betaald wordt aan FZOG maar dat je voor dat geld een volledig pakket kunt aanschaffen als particulier, dan ontvang je een schrijven, dat het bij de wet geregeld en verplicht is om deze premie af te dragen.

Is de wet dan ook niet verplicht zorg te dragen dat wij als gepensioneerden FZOG verzekerden zijn en blijven bij alle artsen, specialisten en medische instanties? Het is toch gewoon te dol de gedachte dat er maandelijks een aanzienlijk bedrag geïncasseerd wordt en dat er nog tekorten zijn! Ongeloofwaardig en zeker niet te rijmen. Maar als je kijkt op het eiland, is het gewoon treurig als je ziet hoe verzekeringen spelen met je.

SVB: Je betaalt zolang je werkt een fikse premie, zowel als werkgever als werknemer en als je 60 bent, ben je niet meer verzekerd! Bedankt voor het geld, u kunt gaan!

Hetzelfde wanneer de hoofdverdiener wegvalt door een ongeluk of ziekte, dan is niemand van dat gezin nog verzekerd! Ja, na je 60ste of het wegvallen van de verdiener sta je op straat en moet je gaan schooien bij de PP of ze je aub aan willen nemen. Als je dan in het verleden te veel inkomsten gehad hebt is dat niet mogelijk en ben je verplicht om een particuliere verzekering te sluiten. Dat is overigens ook een hele toer om je boven de 60ste verzekerd te krijgen bij deze particuliere verzekeringsmaatschappijen, want dan wemelt je polis van de clausules!

BZV hetzelfde liedje, je kunt je van alle kanten bijverzekeren, tot 1ste klas toe, maar zodra je gepensioneerd bent ben je te oud, te lastig en te duur en mag je over naar de FZOG. De verzekeringen SVB en BZV hebben het goed bekeken. We nemen mensen tot hun 60ste en dan, als ze te duur en te ziek worden, stoppen we de verzekering!

Geen wonder dat deze twee verzekeringen in het plus draaien want buiten de vele eisen die ze stellen en soms vreemde bedragen uitkeren aan de artsen en instanties, kunnen ze mooi hun geld sparen. PP en FZOG die dit alles op moeten vangen en met mensen te maken krijgen die grotere ziektebeelden hebben simpel omdat ze ouder worden, moeten het doen van een bedrag wat volgens hen niet toereikend is. Maar om een premie, die al belachelijk hoog is, nog meer te verhogen is de grootste waanzin die ik gehoord heb.

Nog even en je pensioen wordt geheel ingenomen door deze verzekeringen! Waar is het plan gebleven om een verzekering te maken verplicht voor iedereen, AZV? Een instantie waar de gezonde mensen de zieken dragen, financieel en sociaal. Iets wat al in Aruba gebeurt maar ook in Nederland waar het zeker goed gaat, mits er een goed beleid achter zit. Nee, wij hier op Curaçao zitten met 4 verplichte verzekeringen van het (ei)land en ze trekken zich allemaal terug als er uitbetaald of kosten gedragen moeten worden. Ik stel voor één instantie één verzekering zodat er geen onverzekerde mensen hier op het eiland meer zijn, die na het wegvallen van de verdiener of na hun 60ste op straat komen te staan, onverzekerd. Het moet kunnen, het kan! Want waar een wil is, is een weg!

Jammer genoeg zijn deze verzekeringsmaatschappijen o zo kien op hun eigen (spaar)potje en winsten! Dit alles ten koste van vele burgers die hun leven lang betaald hebben voor deze verzekering en dan mogen vertrekken juist als ze deze maatschappijen nodig hebben. Hopelijk dat de politiek in gaat zien dat dit alles in al deze jaren vreselijk scheef is gegroeid en eindelijk eens het botte mes doorheen gaat halen bij deze machtsmisbruikers/geldverslindende maatschappijen.

Wij burgers hebben allemaal recht op een ziekteverzekering vanaf de dag van je geboorte tot de dag dat je deze wereld verlaat. Daar is onze politiek verantwoordelijk voor om deze zaak te regelen zonder enig uitzondering, zonder enig excuus. Een taak voor u heren en dames politici! Wie start deze zware klus?

Emmabrug/ Toerisme

Onze trots, de Emmabrug in vol ornaat, grotendeels vernieuwd en met veel vertoon geruime tijd terug weer opengesteld. Een werelderfgoed waar wij Curaçao toch wel trots op mogen zijn met zo'n stukje vakwerk. Toerisme, een van onze peilers in onze economie waar miljoenen uitgegeven wordt in het buitenland om die ene toerist over te halen om niet naar Aruba te gaan maar naar Curaçao te komen. Toeristen die dan hier op het eiland verblijven om het te verkennen, genietend van de zon, zee, gebouwen en cultuur.

Momenteel is er een Nederlandse cameraploeg op het eiland, een productie die gaat over kunst achter de schermen. Kunst en cultuur liggen dicht bij elkaar en worden samen gesmeed met historie. De ploeg ging afgelopen week verscheidene malen naar de stad om daar de nodige opnames te maken en zo ook Willemstad bij avond. Teleurgesteld kwamen ze tot twee maal toe terug omdat vele verlichtingen niet aan waren waaronder ook de Emmabrug.

Bij navraag bleek dat de verlichting van deze brug alleen bij feestelijke gebeurtenissen aangaat! Is het voor Curaçao het toeristische leven niet een feestelijke gebeurtenis? Moeten we als Curaçao ons niet dagelijks van de beste kant tonen aan onze toeristen? Het is vreemd dat aan de ene kant miljoenen uitgegeven wordt om deze enkele toerist binnen te krijgen maar dat er niet veel gedaan wordt om het eiland zich aan de beste kant te laten tonen (zie vuil en stille donkere straten). Het zou toch normaal moeten zijn dat onze historische gebouwen, ons cultureel erfgoed en wereld erfgoed, zich dagelijks van de beste zijde moeten tonen aan onze toeristen! Is het toch geen wonder dat de toeristen zich nog steeds aangetrokken voelen door een bruisend "toeristen minded" Aruba wat 24 uur per dag 7 dagen in de week, maand in jaar uit klaar staat voor deze toeristen die zijn geld willen inleveren voor dat prettige gevoel om bij het eiland te mogen horen.

Curaçao, je zult wakker moeten worden, je lampen moeten branden, leven brengen in de uitstervende straten en zorgen dat je de toeristen wel wat meer te bieden hebt. Lichtjes alleen op feestdagen en daarna uitgestorven straten, zijn geen uitnodiging voor onze toeristen! Al probeer je ze te lokken met de duurste reclames en duurste advertising agencies! Toerist minded zijn we bij lange na nog niet en ik denk dat we beter eens onze toeristische organisaties en overheid in de leer moeten laten gaan bij ons naburig landje Aruba. Succes voor al deze mensen die ons eiland moeten gaan dragen in de toeristische wereld want dat houdt wel in, dag en nacht bezig zijn en tot dienst zijn voor deze mensen.

Ons eilandje

We hebben politici die zich druk maken over plastic zakken terwijl een deel van de bevolking dagelijks vergiftigd wordt door een multinational. De misdaad is zo'n gewelddadige vormen aan gaan nemen dat je niet meer weet of er nog wel vredelievende mensen bestaan en wonen. Dagelijks lees je en hoor je over astronomische bedragen die toebedeeld worden aan commissarissen/ directeuren terwijl ruim de helft van de bevolking minder heeft dan duizend gulden per maand en onder of tegen de armoedegrens zit. Grote bedragen worden gespendeerd om het toerisme te promoten en aan de andere kant is er weinig initiatief om het eiland aantrekkelijker te maken erger nog, we hebben nog steeds niet geleerd toerist vriendelijk te zijn met als excuus; "We hebben geen geld"! Geld wordt verslonden in de gezondheidszorg en wordt gepompt in bodemloze putten die bedrijfstechnisch onhaalbaar zijn maar in stand worden gehouden omdat er "bekende" lokale mensen achter zitten die zo hun inkomen willen garanderen.

Kinderen worden dagelijks gebruikt en misbruikt door ouders/familieleden en de instanties die dat moeten regelen kunnen de klachten niet aan en proberen de ergste gevallen maar te helpen om zo nog wat te redden van de onkunde die er heerst jegens onze jeugd. Tientallen jaren wordt er gevochten in het onderwijs, miljoenen zijn over de balk gesmeten omdat er weer een groepje was die meende het beter te weten. De eisen worden telkens lager gesteld anders zijn er te veel drop outs. Wie zijn de dupe? Onze kinderen die steeds meer achterstand krijgen en zodadelijk niet meer kunnen meedraaien in de wereldwijde maatschappij. Normen en waarden die geheel aan het verslonzen zijn omdat die van zowel de ouders als van de hogere instanties en personen totaal niet meer worden gehanteerd omdat zij niet langer meer als voorbeeld fungeren. Toch zijn we met z'n allen nog steeds op dit eiland! Waarom? Blijven we hopen op betere tijden? Al weten we niet hoe deze betere tijden er uit moeten gaan zien want we willen zeker niet onder een Europese of Amerikaanse wet gaan vallen. Nee, dat is geen verbetering in onze ogen. Is het niet zo dat we eigenlijk al in een paradijsje wonen zonder dat we het weten? Goed, het is hier niet volmaakt maar we kunnen wel, als een van de weinige bewoners op deze aardbol, zeggen dat we weten wat vrijheid betekent. Vrijheid die ook zijn prijs vergt. Maar ondanks die prijs blijven wij toch allemaal maar heerlijk hier op dit eiland rondhangen omdat we weten dat het elders zeker niet veel beter is.

TDS - Tele 6/8

Toch ergens vreemd dat er vragen gesteld moeten worden over een overheidsbedrijf in de eilandsraad! Alsof deze mensen niets beter te doen hebben. Maar wat wil je, de klachten regenen over TDS en uiteindelijk is het wel UTS (een van de overheidsmaatschappijen) die hier verantwoordelijk voor is. Maar och wat geeft het, de klanten hebben toch betaald dus leveren is niet nodig. Betalen ze niet, gewoon afsluiten die hap. Maar wat denkt u over onze vrije nationale televisie kanaal 6 en 8? Die kanalen die gratis in de lucht behoren te zijn!

Ja behoren, want al geruime tijd is het onmogelijk deze kanalen te ontvangen op een antenne hier op Barber en omgeving! Na zeer geruime tijd dit gemeld te hebben bij UTS en bij de verantwoordelijke man Dhr. Oehlers word je gewoon afgescheept en aan het lijntje gehouden met loze beloften. Toch mooi dat je Venezuela haarscherp kunt ontvangen op 4 kanalen! En dat je van onze nationale tv 6/8 geen signaal hebt. Ook gerenommeerde antenne specialisten kunnen niets voor je doen omdat blijkt dat er domweg geen signaal hier is! Mooi als er een aankondiging is op het nieuws of als er meldingen zijn van algemeen belang dan kunnen wij deze niet ontvangen.

Dit is laatst gebeurd met het passeren van de orkaan Felix waar je dan via Internet op de hoogte moest blijven, want ook de radio ontvangst is belabberd. Een optie is dan kennelijk TDS te nemen waar je voor een astronomisch bedrag wat gratis wereldwijde zenders mag ontvangen mits je dan weer niet woont op Barber en omstreken. Nationale veiligheid, och die geldt niet voor Barber en de rest van Westpunt want wij blijven verstoken van nieuws en mededelingen van algemeen belang.

Hopelijk dat de vragen van Dhr Gomez UTS en hun mensen er toe kunnen zetten dat ook wij hier op Banda Abou normaal de vrije signalen kunnen krijgen waar elk burger recht op heeft.

Het kan niet zo zijn dat je van een onderstanduitkering verplicht wordt om een niet werkende TDS aan te schaffen!

Eenbaansweg, 100km!

We wonen met enkele families hier aan een van de mooiste wegen van Banda Abou. Een weg die de verbinding is tussen Pannekoek en Bou Barber, een weg met vele bochten door een heuvelachtig gebied en een prachtig landschap. Maar er is een addertje verscholen achter deze weg.

Kamikaze figuren die presteren om deze heuvelachtige weg te rijden met een vaart van over de 100 km per uur! Ja, u leest het goed, een eenbaansweg, geasfalteerd, vele bochten en heuvelachtig en dan met 4 banden los over de heuvels vliegen. Jongelui die op San Juan, Pannekoek en Soto wonen die tegen de avond die even snel binnendoor een biertje, lootjes gaan kopen in Bou Barber en zo weer terug vliegen later op de avond naar huis. Verschillende malen is het voorgekomen dat er eentje uit een van de bochten vliegt die dan razendsnel geholpen wordt door een van zijn vrienden.

Wat erger is, is dat er al tot twee maal toe voorgevallen is, dat kinderen lopend over deze weg, op een haar na aangereden zijn en in de berm terechtkwamen! Bij melding gemaakt te hebben op de plaatselijke post werd niets ondernomen.

Geplaatste borden van 40 km per uur, 3 jaren terug waren binnen enkele dagen verdwenen en dienen nu als afrastering verder op van een tuin op Bou Barber.

Jarenlang melding gemaakt bij de verkeerspolitie, geen reactie ook niet van de gezaghebber! Een aanvraag bij DOW om drempels werd afgedaan dat drempels te gevaarlijk zou zijn en als je dan aanvoert dat er verderop in het dorp nieuwe wegen zijn aangelegd door een toenmalig zeer actieve gedeputeerde en overal drempels zijn geplaatst dan zijn ze daarvan niet op de hoogte. Sporadisch is er een politie patrouille te zien op deze weg! Er wordt door deze instanties duidelijk gewacht op de eerste (kinder)slachtoffer(s) op deze weg en zoals het dan altijd gaat, worden er mensen wakker geschud die iets gaan ondernemen. Een eenbaansweg waar dagelijks tiental kinderen van diverse families lopen waar 100 km per uur wordt gereden is niet belangrijk genoeg. Is het dan zo dat deze mensen/instanties dan ook "dood door schuld" aangerekend kunnen worden, mochten er slachtoffers vallen? Waar wachten ze op? Het is een kwestie van tijd, dat ene moment dat het goed mis zal gaan! Deze instanties/mensen zijn diverse malen ingelicht van deze zeer gevaarlijke situatie maar hebben alles op hun beloop gelaten.

Laten we hopen dat het niet zover gaat komen, zeker niet voor de familieleden in deze straat. Een straat die nu als short-cut gebruikt wordt door een stel laag vliegende onverantwoordelijke kamikaze figuren, die menen dat wij in de berm moeten springen als ze toeterend en knipperend met hun lichten over deze weg racen! Het wachten is op drempels en aanpassingen zodat het weer een veilige weg is voor iedereen.

Politiek (ziek)

Met de regelmaat van de klok lees je in alle kranten hoe onze politici zich misdragen. Zowel verbaal, fysiek als mentaal geweld wordt alsmaar gebruikt om woorden verder kracht bij te zetten. Woorden die ze kennelijk niet meer weten te formuleren door taalgebrek en vandaar maar naar een laatste redmiddel grijpen.

Steeds meer speelt bij mij de gedachte dat het een duidelijk vertoon van onmacht is maar ook van zwaar alcohol- of zelfs drugsgebruik. Volwassen mensen die zich niet weten te beheersen komen vele dingen tekort of zitten domweg op de verkeerde stoel. De opleiding die ze genoten hebben is zeker niet toereikend of niet begrepen door hen. Het ergste is, zij zijn wel die mensen die internationaal in de publiciteit komen en ons als land/eiland vertegenwoordigen. Wij als bevolking, worden gemeten via deze mensen en erger nog, ook zo behandeld! Ik stel voor, dat net zoals in de maatschappij waar we volgens regels behoren te leven, ook deze mensen aan regels en etiketten moeten gaan voldoen. Uitspattingen of ongenuanceerde uitspraken privé/zakelijk moeten betekenen dat deze personen ons volk niet langer kunnen en mogen vertegenwoordigen. We doen er alles en alles aan orde op zaken te stellen wereldwijd en vele burgers werken bloed, zweet en tranen om alles geregeld te krijgen en dan wordt dit even teniet gedaan door een groep onkundige, ongecontroleerde bestuurders die zich niet weten te beheersen en niet weten wat etiketten zijn. Laten wij als bevolking hen een duidelijk signaal geven hier niet mee eens te zijn en zorgen dat we de ware bestuurders op hun plaatsen krijgen.

Stil en geheimzinnig

Vraag me toch af, enkele maanden geleden heeft onze minister president met veel tam tam het bestuurscollege een ultimatum gesteld over het terugdraaien van de vele duistere benoemingen.

"TWEE WEKEN" stond vet gedrukt in verschillende kranten op de voorpagina. Nu kan het zijn dat Antilliaanse twee weken langer zijn dan op de rest van de wereld maar zover ik na kan gaan is er na twee maanden nog niet ingegrepen door onze regering! Erg stil, niet waar? En is het weer dat er gewacht wordt op van hogerhand ingrijpen of dat het probleem wel vanzelf oplost in de momenteel kokende zon? Geheimzinnig is het ook rond een andere duistere zaak waar het gaat om ruim 6 miljoen te verdelen onder enkele prominente burgers op dit eiland. Door een stuk grond aan te kopen op Fontein waar juridisch vele haken en ogen zitten maar kost wat kost door een groepje mensen doorgedrukt wordt. Dit omdat het een van de laatste potjes is waar nog wat geld uitgedeeld kan worden. Vreemd, want we praten hier over een van de hoogste grondprijzen ooit gesteld richting Band Abou, tot dusver. Het blijft geheimzinnig want wederom zijn onze eilandelijke bestuurders als zowel landelijke regering vreselijk stil en laten het maar allemaal toe in het kader van, om de goede vrede te behouden.

Steeds meer blijkt dat het huidige regeren meer een "brother gemeenschap" is waar iedereen zich schuilt achter de andere om zolang mogelijk op die heerlijke zetel te kunnen zitten in hun ijskoude airco kamer. Waar blijven onze regeerders met hun oprechtheid, eerlijkheid en openheid? Moet alles van hogerhand opgelegd worden en onder druk gezet worden?

Is er nu echt geen een bestuurslid die voor het volk is en voor de toekomst van ons eiland opkomt? Laten we hopen dat ik het mis heb en dit allemaal uit mijn duim gezogen heb! Het kan niet waar zijn dat een eiland/land op deze manier geregeerd wordt anno 2007.

September 2007
Voorbeeldfunctie

Toch blijf ik me verbazen over bepaalde mensen hier op het eiland. We praten hier over belangrijke mensen die een voorbeeldfunctie hebben. Mensen die ons een bekeuring geven als we ons niet aan de regels houden en klaarstaan om ons boetes op te leggen of aan te houden met veel machtsvertoon. Maar hoe gedragen zich deze mensen zelf in het openbaar? Zittend in een bedrijfswagen, vol met strepen, blauwe lichten, sirenes en grote nummers erop geschilderd met de tekst "Polis" zodat we hen duidelijk kunnen herkennen in hun blauwe werkpakje met liefst vele strepen en sterren. Rondrijdend zonder veiligheidsriemen met hoge snelheid (zonder sirene of zwaailicht) en als klap op de vuurpijl achterover zitten met hun portable in de hand, volop bellend!

Ja, u leest het goed, we praten hier over onze politie die het voorbeeld behoort te zijn voor onze maatschappij. Praten we nog niet over de verschillende krantenberichten over discriminerende en uit hun slof geschoten gezagdragers die de druk niet aankunnen. Het is kwalijk om te zien dat in een huidige maatschappij, waar vele dingen uit de hand lopen, we ook dit soort gezagdragers over de weg zien gaan, wetende dat ze de wet niet naleven. Erger nog is, dat er van hogerhand niets tegen gedaan wordt, dat men zelden iets van hoort

110

dat er maatregelen genomen wordt tegen deze machtsmisbruikers. Als de politieleiding hun mensen niet zo kan opleiden dat ze een voorbeeldfunctie kunnen geven aan ons burgers, moeten ze een conclusie trekken en mensen, die welwillend en capabel zijn, een kans geven door plaats te maken.

Misschien is het nodig om er eens nieuwe wind te laten waaien door het hele apparaat waar de "brother gemeenschap" eens vervangen moet gaan worden door een korps van respect en voorbeeld naar de burgers toe. Ook hier denk ik aan de politiemensen die wel vol eer, trots en geweten hun werk doen en zo door hun collega's in diskrediet gebracht worden. Misschien is dat ook eens het overwegen waard. Wel wat extra werk voor onze politiek om de rotte appels eruit te halen maar we kunnen anders blijven dweilen met de kraan open als we niet kunnen vertrouwen en bouwen op ons rechtssysteem en een politiekorps dat de bevolking en onze kinderen moet laten zien wat wel en niet toelaatbaar is. Veel werk, maar wel de moeite waard om dit gehele apparaat eens goed door te lichten en hen duidelijk te maken dat het stenentijdperk voorbij is!

Wil u respect krijgen zult u zelf respect uit moeten dragen.

Even een telefoontje plegen

Onze eilandsleden, met hun riante salarissen, krijgen kennelijk nog niet genoeg maandelijks op hun bankrekening gestort om hun telefoonrekening te betalen! Een telefoonvergoeding van 1000/1200 gulden per maand terwijl het merendeel van de bevolking niet weet rond te komen van hun uitkeringen of salarissen van voor het jaar nul! Even 25 duizend gulden gaat op aan alleen bellen per maand?

Beste eilandsleden, kunt u 's avonds nog wel met een zuiver geweten slapen en overdag uw medeburgers in de ogen kijken? Weer blijkt dat er eerst aan uzelf gedacht wordt en dat je zelden of iets hoort over de armoedebestrijding op dit eiland van uw kant, die o zo hard nodig is!

Slaap zacht dames en heren politici. Het moet onderhand wel iedereen duidelijk zijn dat ook u niet zit op deze riante stoel voor de bevolking, maar puur voor uw eigen ik en imago! Loze kreten, loze beloften! En dan? Leeg, stil.........tot een volgende verkiezing!

Verkeersveiligheid

Heer Pasman, met de onveiligheid in het verkeer kan ik heel ver met u meeleven maar met grote verwondering heb ik toch uw stuk gelezen over de wandelaars die van de Schottegatweg gebruik maken.

Ik ben zelf 14 jaren lang actief wandelaar geweest en heb dagelijks een route gewandeld van 10 km waarvan een groot stuk over de Schottegat/Gosieweg ging. We praten hier over openbare wegen die voor iedereen toegankelijk zijn en zelfs op vele delen een voetpad hebben of vluchtstrook waar dagelijks vele mensen zich over begeven om naar de diverse plaatsen te gaan. Nog nooit is er met mij op deze wegen iets gebeurd.

Hoe kunt u stellen dat de wandelaars maar een andere weg moeten nemen? Welke weg? Binnendoor met het gevaar dat je omver gereden wordt door snelheidsmaniakken zoals nog steeds het geval is op onze binnenweg hier voor ons huis? Is dat veilig voor de wandelaars? Ik kan u vertellen dat de ongelukken die gebeuren met wandelaars doorgaans gebeuren op de kleine smalle wegen. Praten we nog niet over het gevaar dat je lastig gevallen wordt of zelfs overvallen wordt op deze binnendoor wegen, voorvallen die zich regelmatig voordoen en zelf ook heb mogen mee maken. Sorry, de stelling die u hier naar buiten brengt is helaas niet reëel. Wandelaars hebben ook het recht om gebruik te mogen maken van ALLE openbare wegen.

Veiligheid, ja daar schort nog veel aan maar om wegen te verbieden voor deze weggebruikers is wel erg vergezocht. Verkeer zal altijd onveilig blijven zolang er geen controle is. Het gaat misschien dan nog eens zover komen dat de wandelaars een valhelm, veiligheidsriem en airbag moeten gaan dragen om zich veilig te laten voelen over smalle weggetjes? Veiligheid zal tot stand komen als de wegen worden aangepast en verbeterd en er controle is op regels en wetten. Tot dan kunnen we blijven schrijven als gekken maar zal het nooit beter worden. Veiligheid staat inderdaad boven alles maar dan wel voor iedere verkeersdeelnemer.

Postbode

Eigenlijk besteden we veel te weinig aandacht aan die mensen die wel hun werk doen. Mensen die dag in dag uit aan onze postbussen staan en soms rare kapriolen moeten uithalen om hun werk af te maken. De postbode.

Ik sta dagelijks versteld van hoe onze postbode door de wijk rijdt met zijn muziekje aan en claxonnerend als er grotere pakketten zijn dan dat de bus is. Een jongeman, vrolijk en altijd goed voor een praatje. Verbazing ook als er een brief aankomt met als geadresseerde, een naam en "Banda Abou" erop, mooi afgeleverd in onze postbus. Ook brieven, die na 3 jaren op het oude adres staan, belanden netjes op het goede adres. We kunnen duidelijk stellen dat vele werknemers een voorbeeld kunnen nemen aan hen.

Ondanks de niet altijd zo'n gunstige werksfeer, chaotische tijden, weten ze hun werk te volbrengen en daarbij ook nog vrolijk over de wegen te rijden, soms in wrakken maar wel op tijd en met een glimlach. Mijn petje af postbodes, ik heb bewondering voor jullie.

Opdrijven van medicijnkosten

Een oplettende patiënt die naar de Botika gaat zal opgevallen zijn dat medicijnen opvallend duurder zijn geworden. Nee, niet direct eenzelfde medicijn waar 10 tallen procenten opgezet zijn maar domweg dat de goedkope medicijnen niet meer verkrijgbaar zijn.

Simpele middelen worden door onze farmaceutische importeurs niet meer besteld en verdwijnen langzaam maar zeker uit de schappen. Natuurlijk hebben ze een alternatief maar die is wel 50 tot 100 % duurder!

Als je na gaat vragen, komen de raarste spookverhalen naar boven, die van "te veel bijwerkingen", "niet meer gemaakt" tot "weten we niet". Medicijnen die 70 jaren goed hun dienst hebben bewezen en nog wereldwijd verkrijgbaar zijn, verdwenen en zijn onmogelijk nog te verkrijgen op het eiland! Ik vraag me toch af of er wel controle is van hogerhand en door de desbetreffende minister op de prijzen en de politiek die gespeeld wordt bij deze importeurs. Domweg zeggen dat ze het niet meer importeren en een medicijn vervangen moet worden door een peperduur alternatief is iets wat de gezondheidszorg ook niet ten goede komt. Niet elk vernieuwd medicijn is een beter medicijn en in de afgelopen eeuw hebben eenvoudige medicijnen of medicamenten hun dienst bewezen maar worden nu afgewimpeld van "onbetrouwbaar" maar we moeten lezen "te goedkoop, weinig aan te verdienen".

Waar is de controle en hoe is het maar mogelijk om alsmaar de patiënt het duurste medicament op te leggen en geen alternatief meer te bieden? Verzekeringsmaatschappijen die met zoveel poeha aankondigden over te stappen naar generieke maar daar tegenover deze schandalig dure producten de patiënten moeten geven daar de importeur vertikt nog langer de goedkopere versies te bestellen. Diezelfde maatschappijen die klagen dat de miljoenen niet opgebracht kunnen worden door de werkende bevolking en zo niet meer aan hun verplichtingen kunnen voldoen. Maar zijn het niet de verzekeringsmaatschappijen en onze minister en de instanties om hen heen die eens de artsen, specialisten en botika's moeten gaan controleren of ze wel hun werk doen en niet zomaar wat declareren denkende; "Het wordt toch wel betaald"! Blijkt wel dat de verzekeringsmaatschappijen zich vreselijk laten oplichten door deze zeer slimme medische/farmaceutische wereld onder het mom van "volksgezondheid".

Overigens een ander klein voorbeeld; Vitamine C, 1000mg tabletten, hetzelfde merk, het zelfde aantal (30 stuks) kan per botika variëren van f 5,31 tot f 8,53 ! Ja, u leest het goed, een verschil van ruim 3 gulden voor dezelfde tabletten bij verschillende botika's! Worden deze winkels dan helemaal niet gecontroleerd? Is het voor deze handel dan een werkelijk "free for all"?

Wie gaat hier verandering in aanbrengen en eens uitzoeken waarom de goedkopere medicijnen niet meer geïmporteerd worden en gecontroleerd gaat worden op de woekerwinsten van deze botika's? Het is nu duidelijk waarom momenteel elke hoek van de straat een eigen botika heeft, het is op deze manier toch een lucratieve business.

Oktober 2007
Twee weken!

We hebben steen en been geklaagd over onze vorige regeringen en BC's van de afgelopen tijd maar het lijkt er op dat de huidige zittende regering en hun "maatjes" in het BC niet veel beter zijn. Na een petitie ingediend te hebben bij het Kabinet van de Gouverneur, kreeg ik netjes een brief terug dat de huidige minister president de benoemingen alsnog moet door laten lichten en zonodig herzien. Na een lange tijd kwam eindelijk onze minister president met een opdracht naar het BC toe om binnen twee weken de benoemingen te herzien en door te lichten, anders zou de regering zelf ingrijpen! Jawel harde woorden en veel belovend!

Nu ruim twee maanden hoor of zie je nauwelijks nog iets over deze opdracht/bedreiging en alle vergaderingen en agendapunten van het BC over benoemingen worden systematisch geboycot.

Minister President van de Nederlandse Antillen, waar blijft uw dreigement van "Twee weken anders......"? Het is nu overduidelijk dat het in de doofpot moet verdwijnen daar ook mensen rondom de huidige regering mee genieten van deze belachelijke en onwettige benoemingen.

Uitspraken van de rechterlijke macht worden genegeerd, een opdracht van de Gouverneur wordt aan uw laars gelapt en dan wilt u als huidige bestuurders nog geloofwaardig overkomen? Verdoezelen, boycotten, achter de rug om en verzwijgen, zijn kennelijk uw regerings voornemens en wij als burgers moeten toezien dat u met z'n allen ons zwaar verdiende geld zien verspillen door bestuurders die geen bestuurders zijn maar meelopers/marionetten.

Jammer, de hoop was op u gevestigd maar u hebt duidelijk laten zien dat u gewoon in het rijtje thuishoort van de afgelopen regeringen en BC's van de laatste jaren die lak aan opdrachten van hogerhand, rechterlijke uitspraken, wetten, regels en burgers hebben. Een teleurgestelde burger.

Armoede

Ruim 25 jarenlang woon ik op dit eiland. Vanaf de eerste dag dat ik kennismaakte met de lokale bevolking werd ik met de neus op de feiten gedrukt betreffende de vreselijke armoede hier op het eiland. Pijnlijk is dat ik, zowel van de lokale als Nederlandse politici, alsmaar moet lezen en horen dat armoedebestrijding als nummer een staat op de lijst van acute gevallen. Tot op heden is de armoede eerder toegenomen dan afgenomen!

Net de instantie die hier iets zou tegen kunnen doen is een over-heidsinstantie die zeker niet efficiënt en correct te werk gaat. Ban Bario Bek is een groot falen wat bestuurd en geregeerd wordt door enkele zeer dik betaalde mensen en juist ja, politiek afhankelijk. Het is kennelijk zo dat mensen met goud behangen, dubbele salarissen, grote wagen in aanmerking komen voor een uitkering en krijgen het ook nog voor elkaar om alles betaald te krijgen. Mensen zwaar in de problemen, in krotten wonende, lekkend dak tijdens regen en mond-dood gemaakt door onze maatschappij, vallen buiten de regelingen omdat deze persoon misschien niet de juiste papieren heeft of niet alles kan ophoesten wat deze instantie verlangt.

Natuurlijk is dat zo, omdat ze al immers buiten de boot zijn gevallen, vallen ze ook overal goed erbuiten en ze missen daardoor de papiertjes! Zoals in de hele politieke wereld en zowel de Antillen als in Nederland, schuilt iedereen zich achter een ander.

Als je na gaat vragen, is er geen directe uitspraak of krijg je te horen: "Ze voldoet niet aan de eisen"! Eisen? Welke eisen, nog armer? Nog onmenselijker wonen en nog onderdaniger? Kinderen zonder eten, zonder toekomst, geheel vervuild, zijn dat geen drin-gende zaken? Wat eisen deze mensen in de airco hoog en droog nog meer? Walgelijk dat in een huidige maatschappij waar salarissen gelden van tienduizend gulden of meer, er mensen moeten leven van 150 gulden. Walgelijk is dat het wel beslist wordt door deze rijkelijk bedeelde figuren over deze onmenselijke situaties. Welvaartsland? Laat me niet lachen, dit eiland is een van de meest corrupte en meest onmenselijke beestenstal in de Cariben!

Met uitgestreken gezichten durven ze hun eigen menselijke ras in de goot te drukken en te behouden, overheen te stappen terwijl ze zelf weer meer nemen van de grote koek die regelmatig binnen komt, voor... u raadt het al, de armen! Schaamte? Nee, deze mensen kennen geen schaamte. Mensenliefde? Wat is een mens? Is hun vraag.

We hebben weer een delegatie gehad met alle poeha, weer veel geld verslonden om in de publiciteit te komen en dat allemaal voor de armen zullen we maar denken. OM TE HUILEN, weet niemand meer wat menszijn inhoudt?

Geloof het of niet

We leven werkelijk in een tijdperk van controle. Met de IBM VeriChip, een chip die bij je geïmplanteerd wordt door middel van een spuitje, kun je dag in dag uit gecontroleerd worden maar erger nog, het zal je paspoort van de toekomst worden! Er gaan stemmen op dat het al gekoppeld gaat worden aan het huidige paspoort!

Stel je voor, je bent vanaf deze implantatie nooit meer privé! Het gaat zeer ver want met deze chip kun je ook buitenspel gezet worden mocht je een lastpost zijn. In Amerika worden deze chips al geplaatst bij mensen die gevangen hebben gezeten maar ook onder TBS staan. Een complete controle over je leven. Momenteel is er een actie gaande in Nederland om deze verplichte identificatie tegen te houden. Op de website http://verichip.yourownrisk.nl zie je hun beweegredenen maar ook alle gevaren die achter deze o zo perfect lijkende Verichip schuilen.

Maar de waarheid is anders, zoals er in verschillende filmpjes over deze chip zijn geplaatst op deze site. Hier op het eiland wordt deze chip gepromoot om je hond of kat terug te vinden maar wanneer beginnen ze ook hier bij mensen te implanteren?

Science Fixtion? Nee werkelijkheid! Werkelijk ongelooflijk dat wij mensen zo verplicht gaan worden om nog deel te mogen nemen in deze maatschappij. Over enkele jaren lezen we in deze krant. "Verschillende burgers hebben vandaag hun vlucht gemist met KL864 omdat ze geen Verichip hadden laten implanteren"! Vreemd bericht? Nee werkelijkheid! Amerika is al op de vooravond hiervan, Europa is aan het volgen en dan is het duidelijk, wij zullen wel eraan moeten geloven. Steeds gaan mijn gedachten naar president Bush die hard op weg is een "Fourth Reich" te creëren en zo controle te krijgen over iedereen op deze wereld.

En wij? Wij trappen erin en blijven volgen als een kudde schapen. Bent u het er ook niet mee eens, vul dan de petitie in op de bovengenoemde website. Wie weet kunnen we deze controlerende benden even tegenhouden van deze misselijke/ziekelijke plannen.

December 2007
De feestdagen

Een tijd van bezinning en van elkaar weer even accepteren. Heer Godeth vraagt om de strijdbijl neer te leggen deze dagen! Kennelijk is er een politieke oorlog. Weinig van te merken daar de huidige leiders uitblinken in het vooruitschuiven van beslissingen en zelfs opdrachten van de Gouverneur naast hun neerleggen!

Ondertussen moeten mensen met een minimum inkomen deze periode doorkomen met een aalmoes of door bij anderen geld te lenen, zodat ook zij wat inkopen kunnen doen voor de komende feestdagen. Nog steeds is er van de kant van de politiek niets gedaan voor deze mensen. Verder zien we de kranten bol staan van advertenties wat er allemaal te koop is en waar je voor astronomische bedragen lekker kunt gaan eten! Voor grotendeels van de bevolking een onmogelijke zaak om daar maar iets van mee te kunnen maken.Domweg omdat er geen geld is. Elektriciteit - en waterrekeningen rijzen de pan uit. Je wagentje rijdend houden is ook niet meer mogelijk daar de benzine maar blijft stijgen, allemaal omdat de leveranciers hun winsten niet meer behalen en bang zijn dat ze hun kerstbonus niet uitbetaald krijgen. Alles bij elkaar het hele kerst en nieuwjaars gebeuren is tegenwoordig maar weggelegd voor een kleine, nog draagkrachtige, groep hier op het eiland.

Ondertussen houden de meeste gezinnen het bij een gezellig samenzijn, wat overigens de basis gedachte is van deze dagen en niets mis mee is. Laten we maar niet verder denken aan de dierenwereld hier op Banda Abou die verstoken blijft van hulp en de dieren zullen moeten blijven leven aan een lijntje van een meter of hokjes van een vierkante meter waar ze de gehele dag in opgesloten zitten. Of de parkietjes die met bosjes uit de lucht geplukt worden en te koop aangeboden worden voor enkele tientjes om dan voor de rest van hun leven opgesloten te zitten in een gazen kooitje. Laten we het maar niet hebben over de eens vrij zwemmende dolfijnen, die voor het grote geld nu in een bakje zwemmen! Laten we maar niet denken aan de straat waar we aan wonen, waar dagelijks kinderen de weg af moeten, vluchten voor wegpiraten omdat DOW het nut niet van inziet om deze situatie aan te pakken en verschuilt achter reeds achterhaalde regels. Laten we maar niet denken aan de mensen die dagelijks over de "Dodenweg" (weg naar westpunt) moeten rijden om op hun werk te komen en terug naar hun gezin moeten gaan en waar de overheid wacht totdat er een, zogenaamd voor de gemeenschap belangrijk persoon overlijdt eer ze in gaan grijpen.

Zo kunnen we eigenlijk nog wel even doorgaan. Maar ik wil niet dat u te veel nadenkt deze dagen want het zou uw gevoel voor Kerst en Nieuw kunnen bederven. Dus wens ik u via dit ingezonden stuk fijne dagen toe maar toch in de hoop dat u even bij het bovenstaande stilstaat.

Politieke "Isla" circus

Heb met grote verwondering het stuk gelezen over de eilandsraadvergadering over de vreselijke stank/vergif uitstoot van de ISLA, al vele jaren. Duidelijk is dat het allemaal om geld gaat en eigen belang. Bang dat zij hun potje verliezen weten de heren en dames niet hoe ze verhaaltjes moeten ophangen om deze moordenaar te blijven beschermen. Moordenaar omdat er regelmatig mensen overlijden door de giffen die dagelijks uitgestoten worden maar ook een moordenaar omdat deze raffinaderij midden in de bewoonde wereld absoluut niet meer voldoet aan alle veiligheids eisen. Het wachten is op de grote "big bang". Wereldwijd worden deze wrakken van fabrieken afgebroken maar nee, wij houden het kost wat kost open! Rapporten verdwijnen, rechterlijke uitspraken worden genegeerd en alles op alles gesteld om krom recht te praten.

Voor dit te beschermen worden er getallen aangehaald die zo overdreven zijn en wordt er zielig gedaan over de gezinnen die op straat komen te staan. Nu, laten we over geld praten. Als de raffinaderij zou sluiten dan kunnen we de minimaal 1 miljard gulden stoppen om deze gezinnen een omscholing te geven en ook gebruiken om nieuwe inkomsten bronnen te creëren. Dat wij als burgers omkomen, vergiftigd worden en totaal genegeerd worden is duidelijk een voorbeeld hoe onze huidige bestuurders regeren. Zonder enige visie en enig beleid en verder met het hoofd in het zand en denkend aan hun eigen hachje. Zelfs een werkend rampenplan is niet voorhanden en weten de verantwoordelijke bestuurders niet in te grijpen als er zich problemen voordoen, ook dat is bewezen de afgelopen tijd. Het zal mij benieuwen wat de antwoorden gaan worden op de verschillende vragen maar ik vrees het ergste en het zal weer een duidelijke vertoning gaan worden van omdraaien, ontkennen en weglopen. Weglopen van alle verantwoordelijkheden tegenover de bevolking en onze kinderen die nu al de dupe worden van deze lakse vertoning van onze huidige politici. Erger nog, in deze krant stond naast dit artikel ook een artikel om het contract te gaan verlengen en bla bla bla meer. Alles is al besloten, want hoe kun je over contract verlenging praten als de raffinaderij gesloten gaat worden?

Wij burgers hebben een keuze, we kunnen vergiftigd worden of vertrekken van dit eiland dat is duidelijk. Inspraak, recht, och vergeet dat maar het is een politiek circus meer niet. Burgers van Curaçao ik heb het met u te doen.

Malusu

Heer Sommer, met grote belangstelling heb ik uw stukje gelezen in de krant en denk wel dat hier wat bijgevoegd moet worden.

Ieder gezond denkend mens hier op de Antillen weet dat de AOV een lachertje is en we kunnen meer over een aalmoes spreken. Zelfs in onze buurlanden worden het dubbele uitgekeerd laten we maar niet hebben over Nederland. Het is gewoon niet te rijmen wat hier gaande is, je betaalt je leven lang een aanzienlijk bedrag en mag als je 60 bent een zakcentje ophalen om mee rond te zien komen en dat dan ook nog zonder ziektekostenverzekering. Uit uw stuk begreep ik dat het hier gaat om buitenlandse medeburgers die hun leven lang voor "welgestelden" hebben gewerkt en als ze niet meer kunnen en er bij neervallen, afgeschreven en gedumpt worden. U vergeet dat deze "welgestelden" zich grotendeels ontrekken aan alle sociale verplichtingen waaronder verzekeren en afdragen van alle sociale lasten.

Deze mensen hebben onze medeburgers voor 30 tot 40 jaren in dienst gehad voor een aalmoes waar ze gewoon als een moderne slaaf vele dagenlang moesten werken. Daar deze "welgestelden" hun premies nooit en te nimmer hebben afgedragen vallen deze medeburgers buiten vele regels en wetten van de Nederlandse Antillen en worden zo het minimum van het minimum uitgekeerd als ze hun respectabele leeftijd hebben bereikt. Bovendien vallen ze buiten elke ziekteverzekering en zijn ze aan de goden overgeleverd.

In deze tijd komt dit nog erg veel voor en helaas is hier geen overheidsinstantie die deze welgestelden aanpakt.

Het ligt niet aan de SVB maar aan alle welgestelden, die deze mensen met veel dienstjaren zo dumpen op dit eiland. Het zijn zij die dit veroorzaken en SVB is niet meer dan een orgaan wat puur volgens de wet handelt. Wel is het triest dat ook Ban Bario Bek en andere van dit soort instanties niet bijspringen en mensen die ruim onder een minimum zitten helpen om van een welverdiende ouderdom te genieten voorzien van een simpel dak boven het hoofd, verzekering, eten en drinken. Helaas, het is de hogere klassen/systeem die dit veroorzaken en nu daardoor burgers ver beneden het minimum leven! En wat doen wij? We kijken ernaar en lopen weg want zo is nu eenmaal het systeem! Laten we hopen dat met het nieuwe jaar in zicht, dat ook voor deze mensen een oplossing komt en dat ALLE lagen van de bevolking zich aan wetten en regels gaan houden zodat wij allen een humaan bestaan hebben, rijk en arm.

Dolfijnen d(br)ood

Dolphin Academy Curaçao. Vanaf het begin een groot negatief geheel waar wetten en regels nog steeds dagelijks worden genegeerd. Kort de geschiedenis.

Bapor Kibra een geweldige plaats om te duiken, zeer mooie koralen en alle vissen van de Caribische zee allemaal te zien op deze plaats. Met daarnaast het wrak wat ook zijn eigen wereld bezat. Dit alles was voordat de Heer Schrier met zijn consortium illegaal begon te bouwen. Overigens nog steeds zijn niet alle vergunningen geregeld. Langzaam werd de zee gedempt, koralen vernietigd en het wrak gedumpt op een andere plaats. Alles is nu een kale vlakte "woestijn" zonder of nauwelijks nog vis.

Deze vis werd met emmers vol gevangen van die plaats om zo de grote vissterfte te verdoezelen van alle bakjes die er waren gebouwd voor de commercie "geld". Zeehonden werden binnengehaald die stuk voor stuk de dood vonden. Maar het was niet genoeg en zo kwamen in 1999 onder zeer veel protest de eerste dolfijnen. Nationaal en internationaal was er veel tegenstand, want wat moeten we hier met dolfijnen in een bakkie?

Alles werd erbij gehaald tot gezondheid toe. De toentertijd regerende mensen bekenden openlijk op radio en tv dat ze aardig wat geld hadden ontvangen om dit alles door te laten gaan! Tijden verstreken en verschillende dolfijnen stierven en er werden heimelijk nieuwe binnengehaald om zo de dood vab de andere te verdoezelen voor de buitenwereld. Verder was ook al bekend dat er vreemde zaken zich voordeden en verschillende boekhouders en kritisch personeel de laan uit werden gestuurd omdat ze te veel zagen en het geheel doorhadden. De historie blijft zich herhalen want ook voor kort werd door onze instanties weer toegelaten om illegale/wild gevangen dolfijnen het land in te voeren. Moeten wij maar eens een grasparkietje hier naar toe nemen dan staat het in alle kranten vet gedrukt! De toenmalige directrice Mevr. Leatitia Lindgren-Smits van Oyen distantieerde zich van deze actie en ook internationaal werd er sterk geageerd, want we negeren internationale wetten en Curaçao komt weer in een zwart daglicht en waarom?

Allemaal om het grote geld en een paar die omgekocht worden om dit oogluikend toe te staan.

Het is tekenend, en een regel bij het Seaquarium, dat Mevr. Leatitia Lindgren-Smits van Oyen ontslagen is, gewoon omdat ze niet mee wil doen aan al deze illegale praktijken. Voor mij een geweldige vrouw die voor haar principes en dieren opkomt. Waren zo ook onze politieke leiders/instanties die ondanks het grote geld NEE durven te zeggen tegen deze mensen!

Hopelijk dat de desbetreffende instanties als Veterinaire dienst, Dienst landbouw/visserij, Dierenbescherming, Carmabi, Reef-care zich eens laten doen gelden en deze illegale handel in dolfijnen en andere dieren gaan aanpakken. Hanteer de wet en neem deze dieren in beslag zoals het bij de internationale wetgeving is geregeld. We kunnen niet langer tolereren dat enkele geldwolven onbeperkt maar blijven handelen tegen alle verdragen in op ons eiland Curaçao. Waar andere instanties zoveel moeite doen om Curaçao weer positief in de wereld te doen verschijnen wat dan door deze gasten elke maal in een kwaad daglicht wordt gesteld, alleen voor hun eigen portemonnee.

Het wachten is op u instanties wanneer de inbeslagname zal zijn en dan laat u zien dat u werkelijk voor Curaçaosche economie en de dieren opkomt. We kunnen dit niet langer accepteren nationaal en internationaal gezien.
We wachten.....

Rectificatie: Dit stuk heb ik gedeeltelijk moeten rectificeren.

Ik kon op dat moment nog niet bewijzen: de vissterfte en vroegtijdig sterven van zeeleeuwen en dolfijnen. Ook de omkoping en illegale handel kon ik toen nog niet bewijzen.

Rot ei

De feestdagen een mooi moment om de consument een poot uit te draaien. Elk jaar hetzelfde, jaar in jaar uit. Bij het bellen naar diverse instanties die de prijzen in de gaten moeten houden en controleren voor ons, stuitte ik op een schrijven waar haarfijn uitgelegd wordt waarom er een schaarste is (was) aan eieren.

Het schrijven begint over de maïs die gebruikt wordt om Ethanol te maken (een alternatieve brandstof). Het heeft wereldwijd de wereldmarkt veranderd en zo ook de prijzen van kippenvoer. Vreemd, want ik betaal al tijden ongeveer dezelfde prijs voor mijn kippenvoer, gebroken maïs! Daarna gaan ze praten over dat daarom wereldwijd de eieren duurder zijn geworden en dat onze oude prijs 3,97 per dozijn te laag is. En ja hoor, een oud probleem wordt ook nog even aangehaald want dat kan de prijs alleen nog hoger doen laten oplopen.

De vogelziekte, dat past toch mooi in het plaatje, nietwaar? Kortom, grotendeels gaat het schrijven over de te lage prijs van eieren. Stukken van dit schrijven zijn gisteren ook gepubliceerd geworden in deze krant. In het gesprek met economische zaken kwam duidelijk naar voren dat er maar twee bedrijven eieren mogen importeren en er een marktprotectie is anno 2007!

Bij de vraag waarom economische zaken niet ingrijpt, kwamen alleen tegenvragen en was er niet een duidelijk antwoord. Alles werd omzeild en gegooid op het tekort van de eierproductie. Op de vraag waarom dat tekort alleen in de stad is en niet op Banda Abou kreeg ik wederom geen antwoord.

Het was duidelijk want het hele drama, tekort aan eieren, ging er om dat economische zaken een goedkeuring af zou geven om de prijs van de eieren te verhogen! Puur machtsmisbruik. Het bewijs is er gekomen, na het toekennen van de verhoging eerder deze week zijn in een keer alle jonge, zieke en oude kippen weer gaan leggen puur omdat ze gehoord hebben dat hun eieren meer opbrengen! Probleem ei opgelost!

Op de vraag aan economische zaken of nu de prijs weer omlaag gaat, u raadt het al, geen antwoord. Dit is nog maar over het geval ei maar ook bij het uitzoeken van het melkpoeder tekort is dit verhaal toepasselijk en zwijgt iedereen in alle talen op het moment dat ik aanhaal dat er een overvloed aan melkpoeder is op de wereld!

Ook hier moet de prijs kunstmatig omhoog geschroefd worden zodat nu alle melkproducten vanuit Europa met de zeer dure Euro en het importeren daarvan nog goedkoper zijn dan de lokale melk en melkproducten! Vreemd toch? Mis ik hier iets?

Wat doet economische zaken en onze verantwoordelijke politici? NIETS! Trekken ze totaal niets na? Worden alle praatjes/rapporten klakkeloos aangenomen van onze handelaren? Door niet in te grijpen werken ze mee aan de onmenselijke prijsverhogingen die nu gaande zijn en nooit meer teruggedraaid worden. Het zijn zij die ons burgers moeten beschermen tegen deze criminele praktijken maar het zijn wederom zij die ons als burger weer laten vallen en voor de zoveelste maal in de kou laten staan. Kaas, eieren, melkproducten, water, licht, benzine en medicijnen op dit eiland waar grof geld mee verdiend wordt en niemand grijpt in en beschermt ons burgers. Welk bedrijf volgt en komt ook met een mooi verhaal en een zgn. tekort om zo de prijs van hun product te kunnen verhogen? Waar moet dit eindigen? Ik hou mijn hart vast.

Webu putri!

Den e dianan aki di fiesta ta nèt un bon momento pa hòrta nos konsumidónan. Tur aña mes un disko ta toka.Yamando na diverso instansianan ku mester tene e preisnan na bista i kontrolá, mi a risibí un eskrito kaminda ta wòrdu splika na plaka chikí ta di kon tin/ tabata tin skarsedat di webu.E karta ta kuminsá di aklará ku al momento ta wòrdu traha for di e maishi e produkto Ethanol. Ethanol ta un kombustibel alternativa. Dor di esaki e merkado mundial tambe a kambia su preisnan, pa kual motibu e preis di kuminda pa galiña a hisa. Straño komo ku pa basta tèmpo kaba mi ta paga mes un preis pa maishi kibra i layena! Nan ta sigui di bisa ku ta p'esei e webunan a bira mas karu i ku e preis bieu di 3,97 pa dosein ta muchu abou. Na mes un momento nan ta bin ku un problema ku tabata surgi ántes pasobra esei tambe ta un otro motibu pa hisa e preis. Ta toka di e malesa di paranan loke ta kuadra perfekto awor, tòg? En todo kaso mayoria di e eskrito ta bai over ku e preis di webu ta muchu abou. Den e kombersashon ku "economische zaken" ta sali na kla ku ta dos empresa mag di importá webu i ku tin un protekshon di merkado desde 2007. Ora ku mi a puntra ta di kon "economische zaken " no ta interverní mi a haña solamente mas pregunta i no un kontesta bon kla. A wòrdu papia de todo i pero mas ainda tokante e skarsedat di webu.

Tambe mi a puntra ta di kon Bándabou no tin skarsedat i solamente Bándariba, tampoko mi a haña kontesta. Un abuso di poder komo ku tur e drama aki tokante di skarsedat na webu ta bai solamente pa haña un akuerdo di "economische zaken" pa hisa e preis di webu. Ata e prueba aki, despues ku a haña e permisio pa hisa e preis tur galiña, jong, malu i bieu a haña un brio atrobe di pone webu komo ku nan a tende ku e preis a subi! Asina e problema tokante di webu a wòrdu solushoná. Riba mi remarke na "economische zaken" ku sigur e preis lo baha atrobe, mi no haña kontesta, manera ku bo por a rei. Esaki ta toka e asuntu di webu pero buskando ta di kon tin e skarsedat di lechi tambe e storia aki otra ves ta kuadra i tur ta keda ketu ora ku mi a sita ku no tin skarsedat di lechi at all, al kontrario. Di e manera aki anto nan ta forsa pa hisa e preis di lechi i produktonan di lechi. Loke ta bini fo'i Europa ku e euro karu ey , ainda ta mas barata ku nos mes produktonan lokal di lechi! Ta straño tòg òf t'ami ta kiboká? Kiko nos "economische zaken" i nos polítikonan responsabel ta hasi pa solushoná e problema ey? Nan no ta kontrolá nada? Rapòrtnan di nos komershantenan tokante e asuntunan aki ta wòrdu akseptá komo tal? Dor di keda ketu i no interverní kier men ku nan ta di akuerdo ku e oumentonan di preis ridíkulo al momento sabiendo ku nunka mas nan no lo bai back na e preis bieu. Ta nan mester protehá nos di e aktonan kriminal aki. Pero atrobe ta nan ta laga nos komo siudadanonan na kaya. Keshi, webu, produktonan di lechi, awa, lus, gasolin y remedinan, ku tur esakinan nan ta gana bon sèn y ningun hende ta hasi algu, ningun hende ta protehá nos. Awor ta kua kompania ta na turno y ta bin ku un mes un storia, esta un skarsedat di nan produkto y di e manera ey haña un chèns di hisa nan preis?

Ay Shonnan ta unda nos ta bai?

De wet van het positivisme

Vele jarenlang zijn we langzaam maar zeker in een spiraal terecht gekomen van het negativisme.

Kranten en TV die niet weten hoe snel ze ongelukken, over-vallen, andermans leed moeten verslaan en tonen. Maar ook niet te vergeten de politiek, eilandelijk en wereldwijd, met hun grollen en grillen die meewerken aan een slechte voorbeeldfunctie. Waar gaat dat heen? Lang was er een tendens dat het zo hoorde en dat we dat allemaal maar moesten accepteren. Van uitgaande dat het systeem zo in elkaar zit en niets aan te veranderen was. Toch is het duidelijk dat al die negatieve berichtgeving niets meer is dan aandacht geven aan al die personen die o zo in de knoop zitten met hun eigen ego. Het enige wat we creëren is een wereld met nog meer geweld, pijn en onverdraagzaamheid. Hebben we het dan nog niet door dat al deze negatieve publiciteit niets oplevert? Is het nog niet doorgedrongen dat juist de mensen die alsmaar negatief schreeuwen om aandacht, niets bijdragen aan een betere toekomst voor onze kinderen en totale mensheid? Ook het passieve wat er op vele plaatsen bestaat, van "We kunnen toch niets veranderen" leeft steeds meer op.

Hopeloos, hulpeloos en meestal onder het mom van dat dit hun "karma" is wachten ze maar af. Dit alles omdat de wet van het negativisme zich langzaam plaatst boven de wet van positivisme. Zo verspelen we de kans om andere mensen te helpen, de wereld en onze eilanden iets bij te dragen en het recht en plicht om er voor onze medemens te zijn. Ikzelf ga er van uit dat al het negativisme en het passieve gedrag niets anders is dan het zich overgeven aan de wet van het negativisme.

Een van de wetten waar ikzelf niet aan wil gehoorzamen en zeker niet aan toegeef. Laten we met z'n allen in 2008 duidelijk voor het positivisme kiezen en zo actief bijdragen aan een betere maatschappij en een wereld waar onze kinderen later trots op zullen zijn, dat wij ouders dit opgestart hebben.

Het is simpel, start bij jezelf en in je naaste omgeving en binnen de kortste keren komen we elkaar allemaal tegen op een positieve manier. Een voornemen? Nee, een doel wat ik in ieder geval gesteld heb en aan zal blijven werken. Nieuwjaar, 2008, een mooi begin, niet waar?

Januari 2008
Lei di positivismo

Ya pa hopi aña nos ta baiendo e rumbo di negativismo. Ta manera ta den e spiral di negativismo mes nos ta keda. Korantnan i televishon ta hasi nan maxima esfuerso pa reportá e aksidentenan, atrakonan i fèdrit di otro, hasta ku potrèt. Laga nos no lubidá di menshoná tambe e política, insular i mundial ku nan manianan i asina kontribuí na un mal ehemplo di funshon. Ta unda nos ta bai? Pa hopi tèmpo kaba e tendensia t'ei ku ta asina ta debe ser i ku nos mester akseptá esei. Keriendo ku ta asina e sistema ta sinta den otro i ku nos no por kambia nada tòg. Ta opviamente ku tur e notisianan negativo no ta nada mas ku duna atenshon na esnan ku tin problema ku nan mes ego. E úniko ku nos ta krea ta un mundu ku ainda mas violensha, doloroso i kaminda ku no tin toleransia.

Ta ki dia nos ta bin realisá ku e publisidat negativo aki no ta yuda nos ku nèt nada? Ainda nos no ta realisá tampoko ku e hendenan ku ta pidi atenshon na un manera negativo no ta kontribuí nada mes na un mihó futuro pa nos yunan i e humanidat total. Tambe e komportashon pasivo ku ta eksistí manera " Tòg nos no por kambia nada" ta rebibá mas. Desesperá i vários biaha skondiendo tras di nan, asina yama "karma", nan ta djis sinta spera kiko ta bin pa nan. Esaki ta posibel komo ku e lei di negativismo poko poko ta sobre pasa e lei di positivismo. Di e manera ei nos ta malgastá e chèns pa yuda otronan, e chèns pa kontribuí na nos islanan i mundu henter i no lubidá e derecho i deber ku nos tin pa yuda nos próhimo. Na mi opinion tur e negativismo i e komportashon pasivo ta nada mas ku kapitulá na e lei negativismo. Un di e leinan ku ami sigur no lo obedesé i sigur no atmití den mi bida. Pa aña 2008 laga nos tur skohe bon kla pa e positivismo i asina kontribuí na un mehor sosiedat i un mundu ku nos yunan lo ta orguyoso di nos, komo mayornan, ku a regla esaki pa nan. Ta simpel pa hasi, kuminsá ku bo mes i den bo serkania i pronto nos lo topa otro na un manera positivo. Esaki no ta solamente un intenshon pa mi pero yùist un meta ku mi a pone pa mi mes i ku mi lo bai hasi mi esfuerso pa kumpli ku n'e.

Un aña nobo, 2008 ta un bon chèns pa kuminsá bèrdat?

Hoe maak je krom recht?

Heeft u het ook gelezen? "De grauwe waarheid is dat zonder wetten en regels te breken men nergens komt op dit eiland"! Bouwen zonder vergunningen, een deel van de zee dumpen zonder vergunning, dieren importeren en exploiteren zonder vergunningen, misbruik maken van subsidies om maar enkele voorbeelden te noemen.

Is dit de weg hoe je een project moet starten? Het is al geruime tijd gebleken dat als je netjes om een vergunning vraagt, je niet ver komt op het eiland of er moet een klein geschenkje achter zitten. Inderdaad worden vele huizen en projecten gestart met het bouwen zonder enige vergunningen. Stukken land worden tot op heden nog steeds toegeëigend en niet altijd op een nette manier verkregen maar u begrijpt het al, dat kost je een groter geschenkje. Laten we het maar niet hebben over de vergunningen voor sneks e.d. die te pas en te onpas uitgedeeld worden zonder enige verdere controle! Maar als je, als goede burger netjes met al je papieren in de rij staat om alles aan te vragen moet je wel ruim van te voren daarmee starten wil je met je zaak of project starten. Probeer maar eens een stuk land gemeten te krijgen! Ga je niet naar het desbetreffende kantoor met je geschenkje in je hand, kun je jaren wachten eer deze mensen eens de moeite nemen om een meting te verrichten.

En zo kun je inderdaad heel veel zaken opnoemen hoe het momenteel er aan toe gaat op dit eiland. Toch is dit alles niet een reden om illegaal bouwen en starten van wat voor een bedrijf ook, goed te keuren. Wetten zijn wetten, regels zijn regels en die zijn er voor iedereen. Helaas zijn de wetten en regels alleen voor diegene die ze respecteert en niet met cadeaus lopen om uit te delen om zo hun zaakjes sneller geregeld te krijgen. Er is een nieuwe ongeschreven wet op dit eiland. Als je illegale handelingen verricht worden ze toegelaten en legaal gemaakt door de desbetreffende instantie. Werk je volgens de voorgeschreven weg dan sluit maar achteraan en wacht, wacht tot je een ons weegt en vanzelf wegwaait! En dan vragen waarom ons eiland achteruit holt. Welk voorbeeld geven we onze jeugd?

Wat lezen ze in de kranten en zien ze op de tv? Schreeuw, vecht, schop, pik niets en deel bij de juiste personen en je zult het ver brengen in deze wereld! Voorbeeld, dat is niet zoveel meer te vinden en als je een voorbeeld geeft dan is het antwoord van je zoon: "Och pa, dat is ouderwets, tegenwoordig kan alles zolang je maar deelt, lees je dan geen kranten?" Sta je dan als ouder met je goed fatsoen! Toch blijf ik alles regelen zoals het voorgeschreven is en blijf rustig in de rij staan, daar eens dit beloond gaat worden en me niet hoef te schamen dat ik aan dit soort praktijken over andermans ruggen meewerk!

Ik wens de huidige opvoeders en ouders veel sterkte toe om toch het goede voorbeeld te geven en krom niet recht te gaan praten.

Crying

I'm a dolphin, crying here in a small pool.
Not for myself, but for you, human being.
It's you who places us in cages and it is you
who puts other animals on the chain.
But I cry not for them but, for you.
Because, it is the same you're doing to your own human race.
You place them in cages, small places only for matter,
money and power.
I cry, cry for you, poor people.

Dolphin

Februari 2008
Kunst?

Na het ingezonden stuk gelezen te hebben enkele dagen geleden kwamen bij mij vele emoties los als een 28 jaar levende kunstenaar hier op Curaçao.

Het begon de eerste jaren van het verblijf hier zo mooi, samen met Heer Pinedo en Schotborg. Mensen waren enthousiast en bleken interesse te hebben in de realistische kunst. In de jaren 90 ging in een keer het eiland zijn "eigen identiteit" zoeken en moest je als kunstenaar vreemde kapriolen uithalen wilde je nog gezien worden of in de smaak vallen van enkele mensen! De moderne zgn. "eigen identiteit" werd er neergezet wat niet veel anders was dan al een beweging die al vele jaren gaande was in Europa en Amerika.

Modern en zo gek mogelijk en liefst niet meer te begrijpen, ja dat werd onze identiteit in de hedendaagse Curaçaose kunst. Kopie op kopie van een richting die al vele jaren rond de wereld was is nu onze Curaçaose cultuur geworden. Maskertje hier, plompe vormen daar maar zeker niet te veel herkenbaar. Achter de schermen waren er enkele zeer handige galeriehouders en enkele machtige personen in de zakenwereld die dat kost wat kost doordrukten.

Ze zagen het grote geld en de investering. Het boek waarover enkele dagen geleden in deze krant geschreven stond is daar ook een voorbeeld van. Ben je geen "vriendje" van deze machtige personen dan, vergeet het maar. In de jaren tachtig hadden we nog recensies in vele dagbladen, de laatste die het nog lang vol gehouden heeft, Nel Casimiri, is ook met haar recensies gestopt.

Nu kom je in de krant als een persbericht, geen gevoel, geen mening, nada! Net zoals de kunst heden ten dage, zonder gevoel, dood en zonder ziel! Ja gevoel, dat is kunst, je hart en ziel erin leggen en niet voor kritiek wegdeinzen want uiteindelijk leg je, je ziel daar open en bloot, jouw zienswijze en jouw leven. Nu zijn de normen anders en wordt er gedacht aan het "grote geld".

We moeten toch immers leven, is het motto? Nou, met het op papier brengen van mijn hart en ziel heb ik nog nooit en te nimmer zonder geld gezeten. Als je namelijk naar je gevoel en je ziel luistert, zal er altijd een weg zijn die je verder helpt. Werk verkopen doe ik al jaren niet, dat is geweest en ik bepaal zelf nu wat er met mijn werk gebeurt en naar wie het gaat. De aandacht die ik nu heb van scholen en vele mensen rond de wereld geeft mij in ieder geval het gevoel dat ik werkelijk met kunst bezig ben.

Onafhankelijk van de machtige mensen hier op dit eiland en los van het "grote geld". Jammer en pijnlijk dat ook hier kunst niet meer is dan beleggen, geld en macht. Daarom heb ik maar een boodschap aan de werkelijke kunstenaars. Volgt jullie hart, jullie ziel en het gevoel, luistert naar die stemmen in je en het ware werk zal voor jullie verschijnen en dat ware werk zal jullie allemaal voeden en verder helpen in deze wereld. Maar wijkt niet af van een mode, het opdringen van, of de macht van een ander.

Dolfijnen huiswerk

Uit een persbericht van onze staatssecretaris Mevr. Joan Berkel blijkt dat ze duidelijk haar huiswerk niet gedaan heeft. Haar bevindingen zijn eenzijdig en niet erg onderbouwd, zelfs tegenstrijdig. Duidelijk blijkt dat internationale rapporten, bevindingen en bewijzen naast haar neergelegd zijn. Bewijzen/verklaringen van CITES, SPAW, WSPA, vele internationale experts en actievoerders die verklaringen hebben afgelegd, geschreven en aangetoond dat er wel degelijk iets mis is met "onze" dolfijnen.

Gelukkig is dat al deze bewijzen, verklaringen in het bezit van de Gouverneur Dhr. Goedgedrag en de Minister president Mevr. Emily de Jongh-Elhage van de Nederlandse Antillen maar ook kennelijk in het bezit zijn van enkele Nederlandse politici. Bewijzen en verklaringen waar niemand omheen kan, zich achter kan verschuilen of vernietigd kunnen worden.

Bewijzen die voor zichzelf spreken en zeer zeker met grote zorg behandeld zullen worden door deze volksvertegenwoordigers. De dolfijnen blijven er vanuit gaan dat er op een eerlijke en openlijke manier deze zaken afgehandeld gaan worden en alles doorgenomen gaat worden. Dolfijnen en alle andere in gevangenisschap levende dieren, vertrouwen erop dat recht, eerlijkheid en positieve gedachten vanuit deze papieren zullen stralen. Ze blijven er vanuit gaan dat ze eens weer mogen zwemmen in hun eigen wereld, hun eigen omgeving waar ze thuishoren… een heldere OPEN ZEE!

Gokken met dolfijnen?

Iedereen wil wel eens een gokje wagen, toch? Maar als ik zo lees over de dolfijnen die er volgens de familie Malmberg op Aruba moeten komen dan vraag ik me wel af of deze gok alles waard is.

Als je op een rijtje gaat zetten dan kom je al snel op de volgende punten;
Een: Het is voor 99% zeker dat eens deze dolfijnen toeristen gaan aanvallen en lastig vallen. Grote en kleine incidenten doen zich zeer regelmatig voor in alle dolfinaria rond de wereld. Het blijven uiteindelijk wel wilde dieren die opgesloten zitten in een bakje.
Twee: Toeristen uit alle hoeken van de wereld die Aruba bezoeken zullen ondanks het tekenen van een zgn. "contract" het er niet bij laten zitten als er iets met hen of hun familie leden zal gebeuren. Ze zullen alles op alles zetten om geld los te krijgen en zo niet "anti" reclame te gaan verspreiden over Aruba.
Drie: De bewering dat het zwemmen van dolfijnen met autistische kinderen helpt, is al wereldwijd een groot vraagteken geworden en rapporten tonen aan dat er geen of meer verbeteringen zijn als het kind met een dolfijn zwemt. Dezelfde resultaten werden ook behaald via het samenzijn met een poes of hond. De vraag is of de lange reis, vreemde omgeving en het gesol met het kind, om deze samen te krijgen bij de dolfijn, later een terugslag gaat geven of verdere problemen.

Voor zover drie punten maar meer zijn er aan te voeren maar dat zou deze krant vullen wat niet de bedoeling is. Punten die duidelijk aangeven dat Aruba na de grote problemen met Holloway het kennelijk nu op een gok gaat gooien met dolfijnen.

Met de kans 99 tegen 1 gaat het zeker mis met de altijd wild blijvende dolfijnen. Wat de schade zal zijn is nog niet te overzien.

Toeristen zullen het eilandje in de blauwe zee zeker niet schromen als er iets mis met hen of familieleden gaat. Vreemd dat Aruba deze gok nog in overweging neemt! Wat valt er te overwegen? Die 1 procent? St. Maarten was wijs en gaf geen toestemming, puur omdat ze deze gok duidelijk zagen en ook doorhadden dat hun hele toerisme teniet gedaan zou worden door een paar dolfijnen die nooit en te nimmer te controleren te zijn. Wijs besluit en ik kan me niet indenken dat Aruba wel deze gok durft te nemen met hun zeer wankele industrie. Verschillende ongelukken zijn er de laatste tijd al geweest op Curaçao en dat heeft wel internationaal de kranten, televisie en bij vele organisaties er toe geleid dat ze adviseren de dolfijnen op Curaçao te mijden. Natuurlijk, wie wil het volgende slachtoffer zijn? Daarnaast bleek uit de pers dat de diverse slachtoffers wel zwaar onder druk staan en nog steeds niet werkelijk naar buiten durven te komen. Is dat alles Aruba deze dolfijnen waard? Gok? Nu ik zie het niet als een gok maar een vreemde beslissing als Aruba hun enige werkelijke industrie "toerisme" op het spel gaat zetten voor een paar dolfijnen! Er is geen "meerwaarde" geen "extra" als Aruba zou beslissen om dolfijnen te nemen. Erger, nog Aruba komt in vele eco toeristen bladen en organisaties te boek te staan als niet natuurvriendelijk eiland en zal op de zwarte lijst geplaatst worden en aangeraden wordt dat eiland niet meer te bezoeken.

Dus dames en heren politici durft u als volksvertegenwoordigers de verantwoordelijkheid (lees GOK) te wagen?

Ecotoerisme

Mensen, ik weet niet of jullie het zien en weten maar wat hebben wij een mooi eiland! Vlak land, heuvels met alle soorten begroeiingen van hoog tot laag. Bloemen in alle kleuren en zelfs kleine bossen en hoffies waar je heerlijk kunt zitten uitrusten. Maar ook het ruige landschap met de grauwe vulkanische/koraal stenen met overal om ons heen de geweldige blauwe Caribische zee. Ook die is vol leven en is zeker een duikje waard. Kortweg, ons eiland is een waar paradijs! Jammer genoeg weten heel veel mensen niet wat hun bezitten en waar ze in mogen leven.

Sinds geruime tijd bestaat er "Ecotoerisme", mensen die de wereld rond reizen en midden in de natuur willen zijn en de natuur nemen zoals het is. We hebben enkele plaatsen waar projecten en appartementen staan waar mensen de Curaçaose natuur hebben gelaten zoals het tot heden ten dagen is gevormd.

Ik denk aan Port Marie waar zo min mogelijk aan de natuur is gekomen om een zo natuurlijk mogelijke baai en de omgeving te behouden.

Een ander uit het oog springende plaats is: "Flamingo park" op Willibrord. De appartementen staan te midden tussen de cactussen, wabi in een ongerepte natuur. Het lijkt daar wel of elke plant gespaard is gebleven en op de lege stukjes huisjes zijn gezet. Even voor mij twee uit het oog springende plaatsen en ongetwijfeld zullen er nog andere plaatsen zijn. Maar al snel krijg je de ene dreun na de andere. Fontein, een mooi natuurgebied wat compleet met de grond gelijk is gemaakt.

142

Praten we niet over plaatsen bij Caracasbaaiweg, wat overigens voorheen natuurgebied was en nu alles met de grond gelijk geschraapt wordt voor het ene na het andere project. Verderop als je doorrijdt, sta je helemaal te huilen en klap je bijna van nijd want daar zijn complete bergen aan het Spaanse water kaal geschoren, allemaal voor het grote geld. Onderwater in deze omgeving dezelfde ravage. Een kunstmatig strand op Caracasbaai. Wat een uitvinding! Bapor Kibra wat voorheen een waterpark was, is met de komst van Seaquarium verdwenen. Met het aanleggen van kunstmatige stranden verder op het eiland is op zeer veel plaatsen het onderwaterleven, koralen en vissen, vernietigd.

Plantage Blauw waar heel de natuur heeft moeten wijken voor een golfbaan! Je vraagt je toch af welke heldere zielen dit bedenken. Ik kan een waslijst aanvoeren van plaatsen waar de natuur moest wijken voor het grote geld. De projectontwikkelaars die het ecotoerisme zgn aanbevelen en dan de mensen in appartementen zetten met een grasveldje en twee palmbomen! Ja, dat is werkelijk de mensen midden in de natuur plaatsen, niet waar?

Mijn hart bezweek laatst toen ik een mooi plaatje zag staan van de nieuwe plannen van Kura Hulanda Lodge, waar altijd zgn. gepretendeerd wordt dat de natuur behouden zou blijven. Zelfs een boomhut is gebouwd om ons te overtuigen dat er "goede plannen zijn". Maar schijn bedriegt en wat zie je nu op die foto, appartementen midden in de natuur met een grasveldje en wat palmpjes!! Om te huilen! Om te huilen is het ook als je al over het terrein loopt en ziet dat grotendeels de manzalina bomen weggekapt zijn! En als je gaat navragen krijg je te horen "de hotelgasten willen de zee zien vanaf hun appartement"!

Schandalig en ongelooflijk dat er niet ingegrepen wordt en zo de natuur "gesloopt" mag worden!

Ook rijzen er steeds meer plaatsen op waar midden in de natuur stenen en bomen in felle kleuren zijn beschilderd om zo aan te geven dat het om een bijzondere plaats gaat. Denkend o.a. aan de enorme Curaçaose vlag geschilderd op een grote steen op Noordpunt! Wat een verkrachting van de natuur en zie de toeristen, ze lachen zich dood door deze onzin die gedaan is door kennelijk een paar mensen die verf overhadden!

Gelukkig zijn er nog stukjes eiland die de ware natuur laten zien en waar je echt het gevoel hebt dat je weer een bent met diezelfde natuur. Maar ik houd mijn hart vast hoelang dat nog zal duren als je alle ontwikkelingen nu ziet. Als de laatste boom, laatste cactus met de grond gelijk gemaakt gaat worden hebben wij, net zoals Aruba, een palmeiland, golfvelden, projecten met groen gras en de nodige palmboompjes en een rokende raffinaderij.

Eco toerisme? Ik denk dat er nu ingegrepen zal moeten worden want het is nog niet te laat. Dankzij enkele zeer goede initiatiefnemers zijn er werkelijk plaatsen waar mensen nog kunnen verblijven en genieten in de Curaçaose ongerepte natuur, die o zo mooi is als je het maar wilt zien en beleven.

Antilliaanse aangelegenheid

Volgens de woorden van mevr Bijleveld blijkt dat je alles kunt verschuilen achter een Antilliaanse wet en Antilliaanse aangelegenheid. Ondanks dat er toeristen in het spel zijn? Zo kan kennelijk de Antillen eenzijdig de Wereld wetten en regels omzeilen en alles plaatsen onder een Antilliaanse aangelegenheid (wet). Vraag ik me wel af waarom ze dan niet alle internationale belastingverdragen en de casinowetten ombuigen zodat alles hier doodleuk door kan gaan? Waarom is de Cites wet dan wel aangepast door onze toenmalige gedeputeerde om zo de regels van Cites en Spaw te kunnen omzeilen. Toch moeten internationale wetten nageleefd worden want we praten hier over wilde dolfijnen wat ook onze Antilliaanse wet geen toestemming voor geeft.

Iets wat al duidelijk bewezen en aangetoond is uit vele documenten en aangevoerd door diverse Buitenlandse instanties. Even nog wat anders; De aanval(len) van de dolfijnen. Staat ook in de Antilliaanse wet dat toeristen totaal niet beschermd zijn? Ook hier hebben vele rapporten uitgewezen dat het wel degelijk om een aanval ging en wel met Nederlandse toeristen. Daarnaast komt er nog bij dat deze toeristen nauwelijks naar buiten durven te komen. Dat is zeker omdat ze daarna zo goed behandeld zijn geworden? Ik stel voor om deze zes mensen en getuigen (11 mensen) op te roepen en onafhankelijk een verklaring laten afleggen, dan zal geen Nederlandse, Antilliaanse en Wereld wet dit voorval kunnen goed praten.

Vreemd dat er conclusies, rapporten en antwoorden in de kamer gegeven worden en NIEMAND deze mensen hoort. Maar iedereen blijft schuilen achter eenzijdige verklaringen die mens noch dier beschermen. Ik heb maar een vraag aan u allen. Waarom zijn alle slachtoffers zo vreselijk bang en durven ze, tot op de dag van vandaag, niet openlijk over hun ervaringen te praten? Ik denk, dat zegt genoeg en spreekt boekdelen!

Meer heb ik niet over te zeggen en blijf er vanuit gaan dat de hogere instanties op de Antillen net als Nederland werkelijk deze zaak uit gaan zoeken tot op de bodem. Angst mag niet de overhand hebben over toeristen en burgers.

Maart 2008

Hoe is het toch mogelijk?

Vooropgesteld, ik weet niets van politiek en wil er ook niets van weten ook. Duidelijk is wel dat diegene die het meeste geld inzet en het hardste schreeuwt de winnaar is en de dienst uitmaakt. Maar buiten dat, is er nog iets anders op dit eiland gaande. Ik meen dat we rond de 150.000 burgers hebben en mag er vanuit gaan dat 100.000 burgers stemgerechtigden zijn.

Nu hebben we afgelopen weekeinde weer wat "ophits party's" gehad en wat lees je, dat 2.500 mensen EISEN dat het anders moet, want zij zijn het er niet mee eens! Een zware minderheid die zich laat ophitsen door een paar politici die jarenlang verstek lieten gaan, vergaderingen boycotten, het volk aan zijn lot overlieten en het eiland brachten in de staat waar het nu beland is. Politici die tot op heden geen duidelijk plan kunnen overleggen wat en hoe we ook de grote schulden problematiek kunnen aanpakken en geen enig alternatief (kunnen) bieden om de grote problemen op te lossen. Maar ze weten wel een zeer kleine groep van de bevolking zo op te hitsen dat ze zelfs eisen gaan stellen.

Wat een democratie hebben we toch en geweldig dat het toch maar mogelijk is dat de zeer grote meerderheid dit blijft pikken, zwijgen en toelaten. Och, een ding is duidelijk, ik zal het nooit maken in de politiek. Gelukkig heb ik deze ambities niet en zeker niet als je ziet dat je dan in een rijtje zou belanden van merendeels schreeuwers, ophitsers en volksmenners. Geen wonder dat de meerderheid zwijgt want dit eiland wordt duidelijk door dit soort figuren geregeerd. Hoe is het mogelijk dat een handje vol mensen zo de dienst uit kan maken op een eilandje.

Moderne Cultuur

Je kunt de laatste jaren geen gesprek voeren op dit eiland of het woordje "cultuur" wordt gebruikt. Zodra er geen weg te bewandelen meer is, geen antwoorden verzonnen kunnen worden dan krijg je het zinnetje te horen: "Ja, maar dat is onze cultuur". Nou leef ik in de gelukkige omstandigheden dat rond de plaats waar ik woon ookvele oude mensen wonen, zelfs tot honderdjarige toe. Mensen die de slaventijd maar ook de Curaçaose cultuur kennen vanuit hun roots. Als je met deze mensen, lekker onder een oude boom in de lokale begroeiing op een gammel bankje met een glas water in de hand zit, kom je pas achter wat de werkelijke cultuur is van dit eiland. Deze mensen zijn wijs, rustig en weten wat het werkelijke leven inhoudt. Mensen die hun leven lang hard gewerkt hebben, meestal voor grote gezinnen maar wisten stand te houden in de zeer zware tijden. Toch kom je wel eens in een van die gesprekken op de Curaçaose cultuur en wat hoor je dan van deze mensen, dat ze het totaal niet meer begrijpen waar de "jeugd" mee bezig is. Ze snappen niets van die vreselijke herrie die er moet zijn bij feesten, alle overmatige toeten en bellen bij evenementen maar ook over het hedendaagse "Seu"(oogstfeest) wat uitgegroeid is naar een tweede commerciële karnaval!

Als je hoort en ziet wat een rust van deze oude garde uitgaat dan vraag je, je wel af of de hedendaagse "jeugd" nog wel eens ter horen gaat bij deze oudere wijze mensen? "Cultuur" het stopwoord voor o zo velen maar helaas is de werkelijke cultuur van dit eiland aan het verdwijnen. De cultuur van wijsheid, hard werken, niet praten maar doen en elkaar respecteren is in de huidige moderne cultuur ver te vinden.

Ik geniet van de gesprekken met de vele oudere mensen om me heen. De oudere vissers bij diverse baaien en de vriendelijke mensen die dagelijks over de weg lopen dan zwaaiend of even stilstaand en altijd tijd hebben voor een praatje. Het is jammer dat dit alles aan het verdwijnen is. We zijn nu in een tijd beland waar de decibellen om je oren vliegen, commerciële optochten maandelijks verzonnen worden en dan maar niet te praten over de nodeloze redetwistdingen waar meerdere malen het woord "cultuur" in voorkomt. Allemaal niet wetende wat de werkelijke cultuur was van dit heerlijke eiland, puur omdat er niet meer geluisterd wordt naar de wijze ouderen temidden van ons. De ouderwetse cultuur die ik prefereer boven de heden ten daags "moderne" cultuur.

Laten we gaan luisteren en die zee van onbenullige woorden eens weglaten en horen wat deze wijze ouderen ons te vertellen hebben.

Kerkelijk- politiek geloof

Leest de kranten er maar op na of ga gezellig eens achter de buis zitten en wat zie je? Wereldwijd is het bonje, rellen, vechten, moorden, allemaal in naam van een of ander geloof.

Er zijn landen bij die al tientallen jaren vechten en moorden omdat ze het onderling niet eens kunnen worden. Het ene geloof is in hun ogen beter dan het ander. Als je de oude geschriften moet geloven kwamen er profeten op deze wereld om de mensen nader tot elkaar te brengen, lief te hebben en elkaar te respecteren zoals we zijn. Dit of je nou in God, Buddha of Krishna gelooft.

Toch wereldwijd is er zeer veel aan het veranderen en het geloof komt daar niet onderuit en ook zij blijken het niet te kunnen laten. Er is namelijk een nieuw fenomeen zich aan het voordoen. Is het u al opgevallen? Spanje: Bisschoppen geven stemadvies. Aruba: Een priester die een eigen politieke partij opricht. Curaçao: Een Bisschop die zich steeds meer probeert te nestelen in de hedendaagse politieke perikelen. Nu is het al even bezig dat de politiek openlijk zich regelmatig laat zien in kerken, biddend en wel maar dat is begrijpelijk. Ze weten namelijk niet meer in wat voor bochten ze moeten wringen om geloofwaardig over te komen en hebben God nodig om krom recht te praten. Toch ook even denkende aan een van onze politieke leider die na zijn vakantie in "het huis van een goede toekomst" een kruistocht naar diverse kerken maakte om zo te laten zien dat hij o zo oprecht is. Ja, politiek heeft de kerk kennelijk hard nodig, ook gezien de passages vanuit de bijbel die regelmatig gebruikt worden.

Geloof, och ik ben al lang van mijn geloof afgevallen en houd er een eigen visie op na in het geloven. Zeker nadat het duidelijk was dat de kerk zich te veel met zaken bemoeit wat niets met geloof te maken heeft. Ook de verschillende "incidenten" alleen hier al op het eiland heeft me doen laten denken en steeds meer komt in me op dat het RK eerst eens hand in eigen boezem moet steken alvorens ze naar buiten komen in zaken wat gewoon los staat van geloof. Ik moet er toch niet aan deken dat we een Bisschop of zelf een Paus gaan krijgen die een eigen politieke partij op gaat richten en ook met toeters en bellen hier over de straten gaan lopen schreeuwen wat ze allemaal (niet) zullen doen voor het volk. Het zou mooi zijn als alle geestelijken eens de oude geschriften weer eens van de boekenplank gaan halen, goed te lezen en hun werk weer op te pakken waarvoor ze uiteindelijk gekozen hebben. Ik wens alle geestelijken veel sterkte toe met hun (kruis)tocht.

Sorry, ietsjes duurder

Lezen we in de krant dat de prijzen ietsjes zullen gaan stijgen, maar wat denkt u van dit. Vorige maand kocht ik een bakje halve walnoten kilo prijs 18,70, overigens heerlijk voor in het zelfgebakken brood. Afgelopen week was het op en gooide ik weer een bakje in het karretje. Pas thuis aangekomen zag ik dat diezelfde kilo halve walnoten nu 26,68 kost! Even iets duurder maar goed we houden het erop dat het een luxe artikel is. Praten we over de kaas.

Is het u ook opgevallen dat een gewoon blokje kaas al snel over een tientje komt? Nog niet zo vreselijk lang geleden had je daar bijna een kwart kaas voor! Even verder winkelen. Tjee, wat zijn deze schappen leeg; Geen patia, meloen, lamunchi, goedkopere sinaasappelen, bakbananen! Misschien ben ik te laat deze week? Bij navraag bleek dat de heer Chávez verboden heeft dat er nog fruit/barkjes naar deze eilanden mogen komen. Hij is kwaad op de politiek! Mooi, dat er politiek gevoerd wordt allemaal goed en wel maar dan vraag ik me toch af hoe wij hier verder aan ons fruit moeten komen als de lokale markt/importeurs niet inspringen op deze boycot. Ook in plaats hiervoor gaat zeker fruit komen dat voor de doorsnee consument niet meer te betalen is.

Reden; De Euro is zo hoog. Dat de dollar hetzelfde blijft hoor je niemand over schreeuwen en dat er nog andere landen bestaan op deze wereld hebben we het maar niet over!

Waar gaan we naar toe op dit eiland? Ondertussen zijn de prijzen zo gestegen dat het vrijwel onmogelijk is nog iets te kopen en het einde is nog niet in zicht. Kijk, we wonen op een eiland en alles moet ingevoerd worden maar het lijkt voor mij toch ongelooflijk dat we afhankelijk zijn van een knipperbollende heer Chávez en een Euro die sneller gaat dan menig lift hier op Curaçao! Waar zijn onze "top" importeurs en waar is onze regering die eens maatregelen moet gaan nemen en de prijzen werkelijk gaat controleren? Ruim 40% verhoging op artikelen, is dat normaal wereldwijd gezien? Ga toch verder mijn moestuin uitbreiden want dat gaat zeker een goudmijn worden.

Voedselvoorziening

Geen gekke gedachten heer Driessen en er zijn zelfs nog wat dingen aan toe te voegen. Alles draait om "planning, medewerking opheffing van vriendjes politiek" en daar is waar o zo veel hier stukloopt op het eiland.

Plannen is iets waar velen wel van gehoord hebben en zelfs ook nog weten op papier te brengen maar nog nooit geleerd hebben het uit te voeren.

Medewerking is een nog groter struikelblok en is afhankelijk of je "vriendje" bent of niet. Zelf woon ik in een omgeving wat landbouwgrond is en ben vol goede moed begonnen met van allerlei groenten en fruit te planten. Uit ervaring weet ik dat er veel kan groeien op dit eiland en is de grond over het algemeen goed. Mits, ja mits je maar water hebt. Na twee maal boren waren we enkele emmers water rijker maar zeker niet genoeg om daarmee landbouw te drijven. Om te voorkomen dat het stuk grond een gatenkaas zou worden ben ik naar andere alternatieven gaan zoeken.

Zo ben ik gaan vragen of LVV water kon leveren. Tjee, kennelijk vroeg ik om goud want de reden die ze gaven was dat Banda Abou te ver is en er zijn geen trucks die daar naar toe kunnen rijden! We mogen wel landbouw doen op onze stukken grond maar hoe we aan water komen is een raadsel en is geen een instantie bereid om ons te helpen. Toch nogmaals LVV en ook de ondertussen verschillende gedeputeerden aangeschreven voor een oplossing. Nooit is er een oplossing of antwoord gekomen op de vraag hoe wij landbouwers op Banda Abou aan water moeten komen.

Vele putten van 40 meter tot 90 meter zijn droog rond ons heen en ook de regen is veel minder de laatste jaren. Water kopen bij Aqualectra heeft geen zin want is dat als je miljonair bent en het maakt overigens de producten te duur. Dus het alternatief is water halen bij de diverse waterzuiveringsinstallaties. Mijn overbuurman kocht vol goede moed een watertruck en toen op pad om water te kopen. Waterzuivering Tera Cora is al vanaf de eerste jaren niet werkende, bij waterzuivering Piscadera is het water voor onze "grazende" golfers op Blauwbaai en zo moesten we water gaan halen op Seru Loraweg, dat was de enige zuivering waar we terecht konden op dit eiland! Even een ritje maken met een truck van Banda Abou door de stad naar Seru Loraweg! Zeker niet goedkoop dus ook niet erg rendabel. Dit allemaal omdat de ene waterzuivering kapot is, niet welkom zijn of omdat onze golfers en hotels grasveldjes voorrang hebben!

Zo ziet u heer Driessen, u bent niet de enige die geen antwoord en medewerking krijgt van de diverse instanties. Ook wij proberen ons best te doen en landbouw te bedrijven op ons heerlijk eiland. Maar wij zijn minder belangrijk als landbouwers om van een van de waterzuiveringsinstallaties gebruik te mogen maken. Om zo het kostbare water te gaan gebruiken voor voedsel voor onze eigen bevolking. Water wat nu gebruikt wordt voor groene grasveldjes op een golfbaan of hotel! Van overheidswegen wordt er niets gedaan om een oplossing te vinden voor dit zeer belangrijk probleem genaamd WATER. Landbouwgrond staat op de kaarten van Domein/LVV/ DROV en noem ze allemaal maar op.

Daarom zouden we graag als landbouwers van Banda Abou willen weten van diverse verantwoordelijke personen hoe wij aan water kunnen komen om door te gaan met onze land te bebouwen en de bevolking te bevoorraden van groenten en fruit van eigen bodem.

maart 2008

Nederlandse Antillen nummer 3

Ja, hoor de Nederlandse Antillen staan weer eens in de top! Dankzij een goed overwogen toeristenbeleid en met medewerking van onze bestuurders hebben we het zover geschopt. Nummer drie wel te verstaan en dit te danken aan o.a. ons geweldige toeristische attractie Seaquarium/Dolphin Academy genaamd en onze nationale dierentuin. We staan net onder Griekenland en Spanje en we mogen er echt niet zo trots op zijn. Waarom staan we dan op deze ereplaats? Namelijk door o.a. de dolfijnen en ezels en wel op de wereldlijst van de vakantielanden waar de meeste dierenleed en -mishandeling is!

Ja, u leest het goed de Antillen hebben het klaargekregen om te stijgen naar de derde plaats op deze beruchte lijst die samengesteld wordt door Stichting Dierenhulp. Vakantiegangers worden gewezen dat wij een van de landen zijn waar vreselijk veel dierenleed is. Er wordt in dat rapport letterlijk gesproken dat de Antillen deze hoge plaats te danken heeft aan o.a. Ik citeer: "Als reden kan genoemd worden de aankoop van zes wilde dolfijnen vanuit Cuba voor het dolfinarium op Curaçao. Ondanks dat internationaal een verdrag op de vangst van dolfijnen getekend werd. Ook de incidenten op Curaçao met het dolfinarium heeft er geen goed aan gedaan.

154

De hoge notering van de Antillen komt ook door het transport van wilde ezels die vanaf Bonaire vervoerd worden naar Curaçao om daar als voer in de dierentuin te dienen.". En dan maar blijven volhouden dat deze projecten goed zijn voor het toerisme! Och, langzaam maar zeker blijkt dat de internationale organisaties beseffen wat er werkelijk gaande is. Iets wat op deze eilanden een publiek geheim is, blijkt uiteindelijk internationaal steeds meer aandacht te krijgen.

De dolfijnen zijn geduldig en eens gaan ze weer vrij zwemmen, zwemmen in de grote blauwe oceaan waar ze thuishoren. En verder zullen alle dieren met respect worden behandeld zoals een volwassen gemeenschap verplicht is te doen. Zoals Ghandi ooit schreef: "De beschaving van een volk leest men af aan de omgang met dieren".

April 2008
Dolfijnen Curaçao, waar zijn ze?

Is het u ook opgevallen dat in en rond de wateren van Curaçao er nog nauwelijks dolfijnen te zien zijn. Het was tijden terug mogelijk om dagelijks dolfijnen te spotten rond Curaçao. Bij toenmalig Coral Clif kon je zelfs met hen zwemmen, op Vearsenbaai waren ze ook altijd rond een zelfde tijdstip aanwezig en als je met de boot naar Klein Curaçao of wat rond ging varen was het helemaal niet vreemd dat deze dolfijnen vrolijk met je mee zwommen. Sinds lange tijd zijn ze verdwenen rond om ons heen. Er wordt regelmatig gehoord en ook enkele meldingen zijn er afgelopen jaren binnengekomen dat ze gevangen worden!

Gevangen door wie en voor wat laten we maar even buiten dit stukje. Ook hoor je regelmatig zeggen *"Als ik naar Bonaire en Aruba vaar komen ver buiten Curaçao de dolfijnen ons weer tegemoet, maar zodra we te dicht bij Curaçao komen draaien ze om."* Klopt wel als je hoort dat Aruba en Bonaire nog wel wilde dolfijnen om hun eiland hebben.

Om een beter beeld te krijgen zou ik graag een telefoonnummer open willen stellen, mocht u toch langs de kust van Curaçao dolfijnen zien. Ook is het mogelijk door te geven als u ziet dat er een dolfijn gevangen worden. Uiteindelijk moeten we eens starten met deze dieren ook hier op het eiland Curaçao te beschermen. Dolfijn gezien of zien vangen, bel me dan.

Land Curaçao

De kranten staan er bol van, we zijn op weg om een land te worden. Geweldig toch? Curaçao een land! Komen we gelijk te staan met Nederland, Engeland of zelfs Amerika! Toch zijn er wat kleine verschillen tussen ons toekomstig land en de rest van de wereld. Kwam laatst een rapport tegen waaruit blijkt dat onze burgers voor 50% onder de armoedegrens leven! Ja u leest het goed, 50% van onze burgers moet elke cent omdraaien om aan het dagelijks brood te komen. Ergens begrijpelijk als je dan weer ergens anders leest dat er grote sommen belastinggeld worden kwijtgescholden aan bedrijven die het makkelijk kunnen betalen!

Verder hebben we het maar niet over de erbarmelijke manier hoe onze "oudjes" rond moeten komen.

Een aalmoes die ze maandelijks krijgen van onze staat. Een aalmoes gezien de grote bedragen die ze hun hele leven hebben moeten betalen voor hun "oude dag". Dan de verzekeringen die van alle kanten proberen onderuit te komen en op die manier vele mensen onverzekerd rondlopen. De prijsstijgingen waar niets aan gedaan wordt. Dan maar niet te praten over de grote werkeloosheid die er heerst op dit eiland. Ook de vuile industrieën waar de bevolking dagelijks aan blootstaat. Toch gaan we een Land worden want we hebben uitgemaakt dat we het makkelijk alleen afkunnen.

We zijn oud en wijs genoeg om nu op ons eigen benen te staan, niet waar? Blijkt van niet want zelfs nu dat we nog eiland zijn en moeten gaan onderhandelen, zitten we met twee partijen waarvan de ene doordrukt kost wat kost wat die wil en de ander schuw is en elke confrontatie uit de weg gaat en bij het minst of geringst wegloopt of wegblijft om zo, hun ongenoegen (leest onkunde) kenbaar te maken. Weglopen van alle confrontaties en moeilijke momenten is kennelijk de manier zoals ons "nieuwe" aankomend land geregeerd zal gaan worden. Kop in het zand steken en "ikke niet zijn" hard roepend! Het blijkt duidelijk dat onze vertegenwoordigers absoluut niet capabel zijn om een land te gaan regeren, als ze nu al zo hun spelletjes spelen en de bevolking aan hun lot overlaten en zich van alle verantwoordelijkheden terugtrekken.

Om een land te regeren heb je mensen nodig die voor de bevolking opkomen, hen uit hun grootste nood halen met o.a. de armoede maar ook te zorgen dat ze een menselijk bestaan hebben. Zolang deze mensen niet naar voren komen en zich melden kun je het Land Curaçao wel vergeten en mogen we alle goden en heiligen danken dat het nog niet zover is. Land Curaçao, waar zijn onze leiders?

Kale rots

Toeristisch eiland, ongerepte natuur en een bevolking die u dag en nacht vriendelijk helpt. Curaçao, dat prachtig eiland waar dagelijks vele toeristen lekker komen genieten van de schone zee, lucht en witte stranden.

Mooi plaatje maar de werkelijkheid is wat anders aan het gaan. Bij het rondrijden op het eiland zijn er grote veranderingen zichtbaar. Buiten de klimatologische verandering die wereldwijd zeer duidelijke vormen aannemen, zijn er ook vele veranderingen die we te danken hebben aan diezelfde toeristische industrie en onze bestuurders. Grote stukken ongerepte natuur worden kaalgeschoren om daar projecten te starten. Niet alleen voor ons lokale bevolking om snel nog een huisje te bouwen maar ook om de geweldige explosie van hotels en niet te vergeten hun golfbaantjes. Grote stukken natuur moeten ter wille van de toeristische industrie wijken.

Vooruitgang moet er zijn en willen we naar een land groeien zullen we moeten uitbreiden maar ten koste van de al reeds schaarse natuur? We hebben een EOP waar de zgn. natuurgebieden en groene zones zijn bepaald maar helaas is die kaart spoorloos en wordt er niet eens meer de moeite gedaan om hem te zoeken als weer iemand komt met een (waan)idee! Vele stranden zijn kunstmatig aangelegd of aangepast en de gevolgen kun je duidelijk zien onderwater en op die plaatsen is het gehele onderwaterleven dood. Vissen worden een zeldzaamheid en koralen zijn ook al schaars aan het worden. Plaatsen waar grote projecten langs het water worden gezet waar mangrove, onze kraamkamer, totaal weggehaald worden. Vissen die toch al verdwijnen, omdat zelfs hoe klein ze ook zijn, al uit het water gevist worden en zo geen kans meer hebben om te groeien. Maar ook het dempen van stukken water is steeds meer een "mode" geworden, respect voor de natuur is ver te vinden op het eiland. Dit allemaal onder het mom van "vooruitgang". Soms sta je gewoon te huilen als je ziet wat projectontwikkelaars klaarspelen en zeker ook nu met hun "nieuwste speeltje" een golfbaantje bij een hotel of kunstmatig strand hoog en droog in een zandbak! Enkele cactussen worden gespaard maar voor de rest moest alles wijken!

Een ander fenomeen is zich aan het voordoen nl. water tekort. Je ziet in de ongerepte natuur dat bomen "spontaan" sterven en gebieden veranderen in een woestijn. Dit probleem deed zich ook voor in de jaren dat de Shell gigantisch grondwater voor koeling uit de grond haalde en het eiland verdorde! Er werd op later tijdstip op andere manieren gekoeld en het water peil kwam weer terug.

Nu leven we momenteel op een eiland wat steeds meer gaat lijken op een "gatenkaas". Elk huis heeft zijn eigen deepwell en langzaam maar zeker is het grondwaterpeil aan het zakken. Afgelopen jaren is het peil meters gedaald. Oude gegraven waterputten vallen droog en boren moet steeds dieper gaan om nog een drup uit die grond te krijgen. Gaan we over naar de "schone" lucht waar we in leven. Meer en meer is het eiland aan het vervuilen, niet alleen in huisvuil maar ook ons dagelijkse lucht die we moeten inademen. Auto's nog goedgekeurd ook, die met grote rookpluimen rondrijden, maar ook de verschillende industrietakken die het niet zo nauw nemen en de lucht zo vervuilen dat je soms een gasmasker nodig hebt om de gang door de dikke wolken te overleven! Maar niet te praten over de grondvervuiling die op vele plaatsen met alle regels wordt overtreden! Mensen moeten daar dagelijks in en op leven en zo worden deze mensen verplicht om korter te leven op dit eiland want hun lichaam kan deze vergiftigingen niet meer aan.

Als laatste, het dumpen van verschillend vuil in onze nog blauwe oceaan waar ik maar even verder niet op in wil gaan maar wel beangstigend is als je weet wat daar gebeurt! Wat gaan we krijgen met al deze gewelddadigheden tegen de natuur? Een eiland wat langzaam maar zeker zal veranderen in een kale rots! Een rots in een lege zee met wit opgespoten stranden, groen kunst grasveldje voor de golfballetjes en palmboompjes van plastic met "made in China" daarop! Erg toeristisch en zeker een geweldige toekomst voor ons land Curaçao, niet waar?

Toch is er hoop en blijven we het positief zien want langzaam maar zeker ontplooien zich initiatieven waar particulieren maar ook groepen zich meer en meer inzetten voor de natuur van ons eiland. Zo is het geweldig te lezen dat er meer en meer bomen terug geplaatst worden op plaatsen waar zowel wij mensen als ook de dieren weer van kunnen genieten. Eindelijk komen er acties tegen de ISLA die ons uiteindelijk alleen ziekten en vervuiling geeft en voor de rest voor ons niet betekent. Misschien dat deze "wake-up call" ook door gaat dringen bij de nodige instanties en zeker de projectontwikkelaars die tot op heden bergen beloven doch weinig laten zien dan alleen maar betonnen blokken! Wij mensen zijn een onderdeel van de natuur en diezelfde natuur is wat ons mensen in leven houdt! Een regel die we blijkbaar zo goed als vergeten zijn.

Transparant?

Transparant, open en het beste voor het eiland. De kranten stonden er vol van. Maar helaas komt alles zo wazig over dat je door de cactussen het eiland niet meer ziet. Ik ga de projecten maar niet met naam noemen daar mijn brievenbus al uitpuilt van de diverse exploten en ben niet van plan er een tweede brievenbus bij te plaatsen.

Vandaar dat ik het algemeen hou maar merendeels van de bevolking weet over welke projecten en projectleiders we het hebben. Kavels worden toegeëigend en zelfs mensen worden andere stukjes grond aangeboden in de binnenlanden van het eiland, als ze maar van de kust verdwijnen. Stukjes grond aan zee worden gewoon afgenomen en overgedragen aan projectleiders die weer zo'n "geweldige" bestemming voor hebben.

Maar wat zien we? Projecten worden vaak niet afgebouwd of worden geheel anders gebouwd dan hun master tekeningen laten zien. Maar ook zijn er heel wat projecten en beloften gedaan afgelopen jaren die nooit en te nimmer zullen verrijzen of worden nagekomen. Puur omdat het erom gaat dat ze het stukje waardevolle grond op hun naam hebben staan en later voor astronomische bedragen kunnen verkopen. Projecten die failliet zijn gegaan en waar grote sommen geld zijn verdwenen en na enkele jaren dezelfde eigenaar weer rustig doorgaat alsof er niets gebeurd is. Praten we niet over de belachelijk lage prijzen die gerekend worden voor de grond en infrastructuur aan deze ontwikkelaars die dan ook nog kwijtschelding krijgen van erpachtsgelden en ja zelfs nog verder gaat het, ook de belasting die een oogje dicht doet door grote sommen geld kwijt te schelden.

Een ander fenomeen zijn de grote schadeclaims die als paddenstoelen opduiken omdat de heren projectleiders weten dat er een deze jaren Nederland met miljarden gaat smijten! Dan ons duur betaalde elektra en water waar wij burgers krom voor liggen om het nog te kunnen betalen en dat deze grote projecten en hotels zelden een rekening betalen aan meneer Aqualectra! Kijk, het is moeilijk om door de vuile wolken van de ISLA en de stank die daarmee gepaard gaat nog transparant, open en voor het eiland te denken want ook daar op dat stukje van het eiland gaat het er ook niet al te "zuiver" aan toe. Maar goed, nu zijn we bezig om het Rif gebied te ontwikkelen en wat komt er weer boven water? Onderlinge afspraakjes, beter grondprijzen en zo gaat de beerput maar weer verder open. En dat omdat deze heren projectontwikkelaars nog meer miljoenen willen verdienen op al de gunstige voorwaarden die wij burgers via belasting en hoge algemene kosten op moeten hoesten en dat allemaal voor hun speculaties en speeltjes. Wij burgers krijgen nergens korting, noch bij de belasting, noch bij Aqualectra en ook onze erpachtsgelden rijzen de pan uit. Wanneer gaan we werkelijk transparant, open en voor het eiland aan de slag? Zal heer Godeth de eerste zijn die hiermee gaat starten? We wachten af en gaan het wel lezen hoe deze "Rifsoap opera" in alle kranten zal ontpoppen.

Voorbeeld functie

Vele brieven van mijn hand zijn de wereld rondgegaan. Brieven naar wereld leiders, politici, grote bedrijven en instanties. Wat mij elke maal opvalt is dat je kort daarna altijd netjes een brief terug krijgt, met een mededeling dat hij in behandeling is genomen of dat het ontvangen is.

Tot op heden is dat 99% het geval dat ik antwoord ontvang. In mijn ogen getuigt dat van wederzijds respect maar ook een voorbeeld naar je medemens toe. Ik stuur ook brieven naar politieke leiders, instanties en zaken op de Antillen en het eerste wat opvalt is dat je niets hoort! Geen kennisgeving, geen ontvangst bewijs, geen teken van leven. Nu weet ik dat je beter een brief kunt sturen naar Jan Lutjesbroek in Akwsiland want die komt eerder aan dan dat er een brief op onder andere Curaçao bezorgd moet worden en soms 3 tot 4 weken kan duren! Begrijpelijk want er zijn zoveel Kaya's A-B en C maar ook elk jaar worden reeds bestaande straatnamen vervangen naar voor de politiek zeer belangrijke namen op dat moment.

Ook is het normaal dat een straat drie namen heeft. Makkelijk toch? Dat verklaart ook waarom meneer post er zo lang over doet! Terugkomend over de stilte na het versturen van een brief. Na weken niets gehoord te hebben kun je er wel vanuit gaan dat je ook niets te horen meer zult krijgen. Het is de gewoonste zaak dat officiële brieven niet beantwoord worden, netjes afgehandeld worden of op zijn minst een kennisgeving wordt verstuurd! Nee het is normaal dat je gewoon voor niets je vragen stelt en dat je naar de antwoorden kunt fluiten. Ik ga er nog steeds vanuit dat bestuurders en politici maar ook overheidskantoren, een voorbeeld functie hebben in onze maatschappij. Er zijn uitzonderingen en die mensen weten wel degelijk wat voorbeeld inhoudt maar een zeer groot merendeel van onze bestuurders en kantoren mensen weten absoluut niet wat en waar ze voor op deze heerlijke stoel zitten.

Is het een voorbeeld; dat ze niet op komen dagen, geen vragen of post beantwoorden, grove scheldpartijen in het openbaar en zelfs tot vechtpartijen toe! Is dat een voorbeeld? Hoe ga ik mijn kinderen vertellen hoe het wel moet als ze niets anders zien en horen dan vechtende en scheldende volwassenen die op de vuist gaan, elke confrontatie uit de weg gaan en zelfs niet het fatsoen hebben om brieven netjes en correct te beantwoorden? Wat ga ik hen nu vertellen? Och jongen, deze mensen hebben helaas nooit een opvoeding gehad! Is dat misschien het antwoord? Nou, het zou al een goede stap vooruit zijn als alle bestuurders, politici en overheid instanties het fatsoen hadden netjes op brieven te reageren, niet te schelden en zeker niet meer zouden gaan vechten. Dat is een voorbeeld en dat is waar wij burgers, inclusief onze jeugd, op zijn minst recht op hebben. Een voorbeeld voor onze kinderen en de generaties die daarna nog gaan volgen. Succes mijne heren en dames, alles ligt in uw hand.

Mei 2008
Dolfijnen billen bloot

Langzaam maar zeker komen de billen bloot. Internationaal distantiëren grote organisaties zich van het Seaquarium/Dolphin Academy Curaçao. Organisaties die zich niet willen associëren met illegale praktijken. Ook nationaal is er langzaam maar zeker beweging gekomen en komen er geluiden los van ex werknemers die zich ook niet langer kunnen verenigen met die handel en wandel. Stokpaardjes aangevoerd zoals "toerisme" vallen ook al door de mand en hebben we pas mogen vernemen dat we, mede dankzij de dolfijnen, nummer drie staan op de lijst van vakantielanden waar de meeste dierenleed is. "Dolphin Theraphy" een andere hoek die wereldwijd steeds meer in opspraak komt en collega dolfijnaquarium houders openlijk toegeven dat het zeker niet bewezen is dat het iets helpt voor deze kinderen maar zolang de mensen blijven betalen ze de attractie aanbieden omdat het financieel erg aantrekkelijk is. Het belangrijkste stokpaardje "wetenschappelijk onderzoek" is nu ook gevallen sinds er een ingezonden brief is geplaatst waar diverse onderzoekers rond de wereld zich van onze nationale trots terug trekken.

Blijft er nog een richting open staan, en die staat ook echt als een rots op Bapor kibra en dat is dat alles om geld gaat. Geld verdienen ten koste van de natuur en onze dieren. Jammer dat de natuur en de dieren het alsmaar onderspit moeten delven voor het grote geld! Een ding weet ik zeker, er zal een dag komen dat ook alle dieren in een bakkie nog eens vrij gaan zwemmen in de nog steeds mooie, blauwe, heldere oceaan om ons heen. Om in ieder geval maar positief af te sluiten, niet waar?

Weinig inbreng

Je wordt er toch sikkeneurig van als je de kranten openslaat en leest wat onze politieke Lei(ij)ders uitkramen. Zo ook weer deze week waar mevrouw de Jong-Elhage gewoon even keihard stelt dat "de Nederlandse kamer weinig in te brengen heeft".

Vraagje; Wie heeft onderhand nog wel iets in te brengen in deze Isla zaak? Alleen maar degenen die met het grote geld en louche contracten met hun dikke vingers inzitten? Er zijn internationale wetten waar ook de Antillen zich aan te houden hebben. Zoals u zelf aanhaalt " de ISLA kan de internationale standaarden niet halen"! Is toch alles duidelijk en zo klaar als een klontje; SLUITEN DIE HAP!! Het kan niet zo zijn dat een bedrijf, wat niet aan internationale verplichtingen kan voldoen, er onderuit kan komen dat er dagelijks mensen vergiftigd worden en jaarlijks tientallen mensen eerder sterven. Dit allemaal dankzij een paar bestuurders die zich niet in bochten en gaten weten te wringen om hun eigen inbreng en miskoop in diezelfde ISLA, veilig te stellen en dat allemaal ten koste van ons bevolking.

Nogmaals de vraag aan u mevr Emely de Jong-Elhage: "Wat mogen wij als burgers en als internationale organisaties/bestuurders wel inbrengen om onszelf te beschermen tegen deze systematische moordenaar?" Gaarne uw antwoord.

Dierenleed of bescherming?

Wereldwijd wordt er gevochten tegen het dierenleed, vele organisaties maken zich sterk tegen de mensen die kost wat kost een slaatje willen slaan uit dierenhandel, dieren verhandelen of het verkopen van "truckjes" die door dieren gedaan worden. Het bezitten van een "huisdier" heeft ook zijn verantwoordelijkheden. Buiten dat het dier uit zijn natuurlijke omgeving is gehaald is er in de loop der jaren ook zo mee gefokt dat de dieren niet meer de dieren zijn die van oorsprong op deze wereld zijn gekomen.

Het wordt steeds meer duidelijker dat er nog zeer veel werk gedaan moet worden om de dieren te geven waar ze minimaal recht op hebben, nl minimaal een leven zonder kwelling en pijn. Nu, daar schort het nog aardig aan op dit eiland en dat is dagelijks te zien als je naar je werk rijdt of even boodschappen gaat doen.

Het dierenleed is nog steeds vreselijk en is nog niet zo ver in banen geleid dat we over sporadische gevallen praten.

Wat wordt er aan gedaan? Dat is de laatste dagen te lezen in de diverse kranten en steeds meer rijzen vraagtekens op of er wel iets gedaan wordt. Meldingen van dierenleed worden niet serieus genomen of door zgn personeelsgebrek op de lange baan gezet. Heeft een hond/kat het geluk "gespot" te worden en opgehaald wordt of in beslag genomen dan wacht hem het doodvonnis! En dat dan ook nog niet direct op de meest "menselijke" manier. Geldgebrek is altijd het eeuwige excuus van een harde kern dierenbescherming die nooit ten rade gaat bij zichzelf of zijn beleid wel de juiste is. Ook is duidelijk dat deze organisatie niet vies is om geld aan te nemen van bedrijven en organisaties die juist alles doen tegen dieren! Geld, daar is alles waar het om draait en ja, geld is belangrijk in deze huidige wereld maar dat er principes overboord worden gegooid, daar faalt deze hele organisatie in.

Geef mij dan maar de organisatie D.A.R.E. die uit principe geld niet aannam omdat enkele sponsors niet verenigden met hun beleid. Knap en zeker geweldig dat je op je doel blijft staan wat je gesteld hebt. Maar helaas is dit bij de dierenbescherming zeker niet het geval en draait buiten het geld ook nog eens een ego die kost wat kost hoog gehouden moet worden. Dit alles ten koste van onze dieren hier op het eiland. Geen actie tegen dierenleed hier op Banda Abou, geen actie tegen de wilde dolfijnen, geen actie tegen de misstappen die gedaan worden waar vele stukken natuur en zo dieren verdolven worden onder puin en dure huizen. Nee, niets wordt ondernomen en komt er niets naar buiten door deze organisatie.

Vandaar dat ik zou willen oproepen wie er bereid is om wel degelijk te gaan vechten voor onze dieren, onze natuur en ons laatst restje zeeleven wat we nog hebben. Enkel en alleen een boekje uitbrengen is niet wat hier nodig is op dit eiland, actie en samenwerking is wat ons kan helpen om terug te komen en zo ook dichterbij de natuur. Laten we samen gaan werken en dit soort uitgebluste besturen vervangen door een dynamisch hard werkend team die niet voor zichzelf maar voor de dieren opkomt!

Zijkant van de medaille

Met grote aandacht en verbazing heb ik de bijna half pagina uitleg gelezen van onze dierenbescherming. Een goed oplettende lezer zal niet veel nieuws gezien hebben en alleen de bevestiging hebben gekregen dat we bij de dierenbescherming niet over het beschermen van dieren gaat maar over geld.

Heel het stuk gaat over cijfers, waar vraagtekens bijgezet kunnen worden o.a. 25.000 ingeslapen dieren, maar het draait zoals gewoonlijk bij deze organisatie alleen maar om geld. Ik zou ook voor willen stellen of ze de naam niet kunnen veranderen in Dieren bankinstelling! U leest het nu zelf, medewerkers komen en gaan continu en dan praat je niet alleen over de laatste 5 mensen maar in de afgelopen tijd over 10 tallen.

Dan praten we nog niet over het zeer grote verloop van asiel vrijwilligers. Mensen soms komend uit het buitenland of lokaal die op professionele wijze in hun land van herkomst zeer veel hebben bijgedragen in het bestrijden van dierenleed, maar ook mensen die hun hart en ziel gooiden in de dierenellende op dit eiland. Allemaal mensen die na enkele bestuursvergaderingen het opgaven en soms huilend wegliepen omdat er alleen maar over geld gepraat werd en niet over de aanpak van het dierenleed wat op dit eiland overal te zien is.

Geld, geld en geld daar is waar het om draait en deze organisatie elke maal schooiend naar buiten mee komt en met cijfers onderbouwd hoe slecht het dan wel niet gaat. Weer is in het hele stuk niet te lezen wat de werkelijke plannen zijn tegen al het dierenleed op geheel het eiland want zolang deze organisatie werkt komt Banda Bou totaal niet voor op hun lijstje enkel en alleen worden dieren opgehaald om ze in te laten slapen. Jammer dat een organisatie die voor dieren behoort op te komen geld aanneemt van o.a. die mensen die tegen dieren bezig zijn! Ook dat er zoveel mankracht verspeeld is geworden al deze jaren door mensen af te stoten die met hun professionele "knowhow" niet welkom waren in dit bestuur.

Een bestuur wat kost wat kost geld wil verzamelen over de ruggen van het dierenleed. Dierenbescherming staat niet voor het beschermen van dieren maar voor het verzamelen van geld! Daarom stel ik voor dat deze kern een andere naam aan neemt en vanaf heden Dieren bankinstelling gaat heten. Zo komt de weg vrij dat de mensen die werkelijk wat willen ondernemen tegen het dierenleed hieraan kunnen gaan werken. Niet naarbuiten komen schooien om geld, maar informerend en hard werkend, hart en ziel gevend aan de dieren. Zo dat zij het dierenleed hier op het eiland aan kunnen gaan pakken en terugdringen. Om aan te tonen dat het bestuur zelfs vies is van de natuur.

Een citaat uit het dagboek van een oud beheerster tijdens een zeer drukke dag op het asiel; "Ga even de stoep vegen en de tuin harken want we hebben vanavond een bestuursvergadering, hoeven we niet over de bladeren te lopen"!

Juni 2008

Dierenleed toerisme

We zijn een toeristisch eiland en we hebben vele "plekkies" die zeker de moeite waard zijn. Regelmatig komen we op de noordkant om een bezoek te brengen aan de natuurlijke bron vlak bij het windmolenpark met aangrenzend het "kaalgeschoren" boca Assencion.

Zodra je op de vlakte bij Tera Cora komt, hoop je dat je bezoek niet naar rechts kijkt wanneer je de vlakte bereikt! Een doffe ellende van ongeveer 25 koeien die nog net kunnen staan. Ze zijn ooo zo mager als kadavers en zelden of nooit zie je wat eten liggen voor hen. Buiten het anderhalve grasprietje wat op dat stukje noordkant opkomt. Bijvoeren is kennelijk uit den boze. Ik wil liever geen naam noemen van deze dierenbeul maar duidelijk is dat hij geen "hart" heeft voor zijn dieren.

Vreselijk, en helaas wordt er weinig gedaan door de bevoegde instanties die hier eventueel zouden kunnen ingrijpen. Soms vraag ik me af, misschien kunnen we een route maken langs de diverse "dierenleed en -mishandelingen attracties". Dan zou je hier op Curaçao heel wat uren kunnen rondrijden en een kompleet gruwel verhaal, life

170

kunnen laten zien aan onze bezoekende toeristen! Waarom starten we hier niet iets nieuws "Gruwel toerisme"? Veel hoeven we daar niet voor te doen.

Verschuilende BC

Soms vraag ik me af waarom we volksvertegenwoordigers hebben gekozen. Kijk naar het huidige BC die geen vergaderingen voert omdat er belangrijkere dingen zijn dan een eiland te besturen! Tot 3 maal toe zijn bestuursvergaderingen niet doorgegaan omdat een zeer klein groepje het niet eens is met de wereldwijde olieprijs en de daaraan vastgekoppelde benzineprijs.

Maandenlang hebben we kunnen profiteren van een veel te lage benzineprijs en nu dat alles in evenwicht is getrokken staan er een paar burgers te schreeuwen om subsidie. Omdat ze hun zin niet krijgen ontregelen ze de hele eilandelijke economie. Precies het tegengestelde als waar ze zgn voor vechten. Erger is dat een BC hun taak als bestuurders verstek laat gaan en schuilt achter veel belangrijkere zaken dan het regeren van een eiland! Wat kan belangrijker zijn dan bestuurlijk door te gaan en zorgen dat alles op tijd afgehandeld wordt? Besluiten liggen al maanden te wachten en beslissingen worden alsmaar vooruitgeschoven of aangehouden om zo niet nog meer tegenspraak te krijgen. Nu, een werkelijk sterk BC zou zich geloofwaardiger maken als ze ging vergaderen, beslissingen gaan nemen en zorgen dat ze niet de problemen uit de weg zouden gaan. Het opschorten van belangrijke vergaderingen kan nooit wegen tegen een paar subsidie aanvragers!Hopelijk dat het BC snel de draad oppakt en gaat starten met waar ze voor zitten nl. beslissingen nemen en regeren.

Beheren wie, wat, waar?

Grote koppen in de kranten "Beheer is niet op orde". Mijn eerste reactie was, weten ze dat nu pas! Maar bij het lezen van de stukken krijg je toch wel rillingen over je rug. We praten hier over het rapport ARNA 2001 (paar jaartjes te laat overigens). We weten al geruime tijd dat Curaçao een groot onbeheerde financiële puinhoop is. Bij het lezen van de artikelen kwamen er wat simpele vragen in me op. Wie zal hier verantwoordelijk voor worden gesteld? Wat zijn de sancties tegen deze persoon(en)? Moeten zij nu al het geld weer terug betalen? Och, eigenlijk weten we de antwoord hierop al en die luidt; "Maak je niet druk, het geld is verdwenen en Nederland zal wel gaan dokken!" Toch ongehoord dat er op illegale wijze 89 miljoen aan subsidies is verleend en dat er een klein bedragje van 828 miljoen geen rekeningen van of "onzeker" zijn! Geld foetsie, ajoo als sneeuw voor de zon! Het is toch bij de beesten af dat onze overheden zomaar aanrommelen met het zuur verdiende geld van onze belastingbetalers en dat wij als burgers maar al deze wantoestanden moeten slikken.

Ondertussen schreeuwen ze wel hard als er geluiden komen vanuit Nederland dat de Antillen in grote puinhoop is. Nu, wat wil je nog meer voor bewijzen hebben? Wij als burgers moeten maar eens op deze manier onze belastingformulieren invullen en financiën regelen dan staan meteen enkele, zeer strak in het pak getogen heren, voor bij je op de stoep. Maar onze politici mogen rommelen, sjoemelen en alles tegen de wet doen en worden dan ook nog gevrijwaard als ze even een klein miljard niet kunnen verantwoorden.

Ik heb er maar een woord voor; SCHANDE dames en heren politici, SCHANDE tegenover uw kiezers en uw volk. Hopende dat met alle herstructureringen ook deze mensen ten aller tijde vervolgd kunnen worden. Zodat wij burgers ook wat meer zekerheid gaan krijgen in dit "toekomstige land" Curaçao. Wanbestuur, hoe komen we er toch op? Heeft u nog meer bewijzen nodig?

BC in retraite

Het was een piepklein stukje, zoveel mogelijk onopvallend geplaatst. Toch viel mijn oog erop en schoot ik meteen in een lange lach. Mijn gedachten konden niets anders dan naar boven halen dat de afgelopen BC's, inclusief deze, alsmaar in retraite zijn! Niets komt eruit en het is al vele jaren praten, vechten, wegduiken, steggelen en elkaar aanvallen maar net niets doen om een eiland te besturen. Laat me nu het geluk hebben dat er enkele overpeinzingen naar boven kwamen waarover kennelijk deze dames en heren over gaan zitten denken.

Ik haal er even een paar op zodat wij bevolking ook even kunnen nadenken hoe de antwoorden van onze kant moeten gaan klinken.

Overpeinzing 1. Hoe gaan we de bevolking verder roet en stank in ogen en longen gooien als de ISLA moet sluiten? Hoe gaan we dan onze investering veiligstellen?

Overpeinzing 2 Hoe kunnen we met nog minder te ondernemen toch lekker op deze stoel blijven zitten?

Overpeinzing 3. Hoe kunnen we mensen die meer weten en

onderzocht hebben over ons het leven onmogelijk maken en misschien ontslaan?

Overpeinzing 4. Hoe kunnen we al het geld wat "verdwenen/ onverantwoord" is verdoezelen als zodadelijk de rook is opgetrokken van de ISLA?

Overpeinzing 5. Hoe kunnen we Nederland nog langer een poot uittrekken zonder dat ze dadelijk kwaad weglopen en ons gaan verkopen voor 1 gulden?

Ik weet niet of deze overpeinzingen nog binnengesmokkeld kunnen worden in het BC maar ik heb zo'n flauw vermoeden dat deze al op hun agenda staan. Toch knap dat het mogelijk is dat je de bevolking doet geloven dat ze werken voor hun geld zonder dat er een zinnig woord of actie naar buiten komt. Mijn petje af oude en huidige BC dat jullie een bevolking zo lang aan het lijntje kunnen houden en nog geloven in een retraite.

Mijn vaderdag cadeau

Van de week 's morgens heel vroeg belde mijn zoon me op met als eerste zin: "Pap ga naar je computer en type het volgende adres in". Ik kwam op een pagina uit wat me vertelde over een hotel in aanbouw dat midden in Tiel was gelegen. Aan de andere kant van de lijn hoorde ik ondertussen: "Pap dat is mijn hotel"! Jip, mijn zoon als hoteleigenaar en ik zat er ook even beteuterd bij te kijken. Maar hij kwam met verhalen van de koop, de bank, verbouwing en zijn inrichting die over 8 maanden allemaal gereed moet zijn. Ik was nog steeds ongelovig maar het verhaal bleef maar doorgaan en uiteindelijk was ik ervan overtuigd dat mijn zoon in Nederland een hotel bezit. We hebben over de hele totstandkoming lang zitten praten.

Ondertussen kwamen er bij mij beelden naar boven van dat stille, in zichzelf zittende ventje met zijn blonde krullenkopje wat altijd al de gave had, te verwezenlijken wat er in dat koppie omging. Vanaf het begin was deze jongen overtuigd dat hij een eigen horeca-gelegenheid of hotelletje zou hebben. We hebben hem daarom ook altijd in zijn dromen laten geloven en samen veel over zitten praten. Jonathan Joseph (Baselmans noemend) had zeker de scholen hier op Curaçao niet mee. Ze geloofden niet in hem en hij kreeg totaal geen medewerking op zijn eigen eiland. Daarom kwam hij zelf, toen hij 18 was, met het idee om naar Nederland te gaan om daar zijn papieren te halen die zijn droom moeten verwezenlijken en die ooo zo belangrijk zijn in deze maatschappij. Ja hoor, hij haalde het ene na het andere papiertje. Ook kreeg hij vanaf de eerste dag al werk in een van de meest luxe sauna's van Nederland. Later werd dat een goede job in een van de meest dure restaurants die je maar kunt vinden. Allemaal in dat koude kikkerlandje en als Antilliaan. Hij bleef werken en bleef zijn droom in in gedachten houden "mijn eigen zaak".

Na ruim 10 jaar dag en nacht hard werken en studeren is deze jongen, die ondertussen 27 jaren is, baas over zijn eigen hotel! Onder-tussen was hij al andere plannen aan het smeden voor de toekomst, want dromen moet je behouden, niet waar? Mijn gedachten dwaalden af en gingen naar de kranten en alle negatieve berichtgevingen op TV waar Antillianen alsmaar in een kwaad daglicht worden gezet en alsmaar negatief over een kam geschoren worden!

Deze jongen, een rasechte en geboren Antilliaan, heeft van zijn LOM school hier op het eiland het zover gebracht om op eigen kracht zijn eigen hotel te hebben. Zo toont hij, dat hij samen met meerdere Antillianen wel degelijk karakter en dat er jongeren zijn die hun dromen werkelijkheid kunnen maken. Daarnaast tonen ze aan dat daar waar een wil is een weg is. Jonathan, je had me geen groter vaderdag cadeau kunnen geven en daar kan geen aftershave, schroevendraaier of slijpmachine tegenop. Jongen we zijn trots op je en je bent zeker een groot voorbeeld voor vele jongeren hier op het eiland. Mijn dank, diep vanuit uit mijn hart, voor je geweldig nieuws. Deze vaderdag 2008 zal ik nooit meer vergeten.

Treurig

Vanmorgen vond ik in mijn mail het rapport Brinkman, getiteld "De Antillen... Maffia binnen het Koninkrijk". Wat je opgesomd ziet in dat 26 pagina's tellend rapport, daar word je compleet chagrijnig en opstandig van. We weten dat het erg gesteld is met onze bestuurders en verschillende instanties maar als je dat zo bij elkaar ziet voel je, je schuldig dat je nog op de Antillen woont! Allemaal stuk voor stuk feiten die naast elkaar zijn gezet door heer Brinkman en waar niemand er omheen kan. Inderdaad wat deze man beweert dat "Antillen een corrupte bende" is hier wel duidelijk bewezen geworden. Toch blijft er alsmaar een vraag door mijn hoofd schieten. Hoe kan een persoon die tussen de 10.000 tot 50.000 gulden PER MAAND verdient nog slapen als er vele landgenoten rond moeten komen van een paar honderd gulden, honger lijden, geen dak hebben of een menselijk bestaan? Uw eigen volk besteelt u om u zelf te verrijken! Kunt u nog wel slapen? Sorry, ik wist niet dat de mensheid zo sterk gedaald is dat zelfs in de dierenwereld helpen dieren elkaar in nood. Helaas is dat hier op dit eiland anders en worden mens noch dier gespaard voor geld, macht en bezittingen. Ik huil momenteel gewoon omdat ik ook een mens ben en daar niets aan kan veranderen. Schaamt u dames en heren politici, directeuren en andere geldwolven, schaamt u dat u uw medemens zo vernedert.

Medemens

Twee ogen, twee oren, neus, mond, twee armen, twee benen en een romp en naar gelang de sekse nog wat extra onderdelen. Dit soort wezens noemen we "Homo sapiens" oftewel "Een mens". Mensen die ook hier op het eiland wonen. Ze zijn er in vele kleuren, dik, dun, vierkant, rond, hoog en laag. Toch is er nog een zeer groot verschil onder deze mensen, te wel de rijkdom en als tegenovergestelde, de armoede.

Ik weet dat, dat een wereld probleem is en de contrasten kunnen we duidelijk zien dagelijks op TV, internet of in dagbladen. Maar wat mij het ergste aangrijpt is de armoede om me heen. Juist, ja gewoon om me heen! Die enkele honderden meters waarin ik in leef hier op Banda Abou. Oudere mensen die hun hele leven zich het lep lazarus hebben gewerkt voor een aalmoes bij de rijken in de stad. Mensen die vriendelijk blijven ondanks hun persoonlijke zorgen, honger en armoede. Mensen die vernederd worden door hun eigen volk en weggeduwd, domgehouden en na geschopt worden. Mensen die, als ze ziek zijn maanden moeten wachten op medische hulp omdat hun verzekering (p.p.) niet wil betalen of hen zien als een "hopeloze" zaak, omdat ze te veel kosten!

Mensen die moeten sterven, thuis op een matrasje of karton omdat de dokter niet in egrijpt bij hun ziekte en het op een zuster afschuift die dan wacht tot het einde is gekomen. Mensen die vreselijke pijnen lijden omdat er geen geld voor is om hen te verlichten. Mensen die van een schamel AOV moeten leven en geen huis hebben.

Ze slapen onder wat rotte zinkplaten op wat opgestapelde blokken zonder water en stroom, simpel omdat ze de aansluitingen niet kunnen betalen. Mensen die niet naar buiten durven te komen omdat ze zich schamen mens te zijn en zo zich ontrekken van alle rechten die ze hebben als volwaardig burger. Mensen zijn het, mensen net zo als u en ik die wij zo afschepen, vergeten en behandelen. Ik praat nu enkel over wat ik op die paar honderden meters om me heen zie en dagelijks meemaak, maar weet dat er zo vele oudjes hun dag moeten beëindigen. Ik vraag me af, wat zijn wij voor mensen om deze medemensen niet te helpen en ook hen een waardig leven te gunnen tot hun laatste dag? En dan wetende dat we een groep hebben hier op het eiland die zich nog meer wil verrijken en nog meer op hun persoonlijke rekening wil hebben staan en dit allemaal ten koste van hun medemens.

Met al dat gesteggel en al dat touwgetrek, lijkt het niet verstandig om onze medemens eens te gaan helpen? Alsmaar dat praten, al dat beloven en ondertussen laten we onze oudere generatie verkommeren . De armoede zou opgelost zijn als al die exorbitante salarissen ingetrokken zouden worden en als de mens voor zijn naaste mens op zou komen. Een droom? Misschien, maar ik ga er van uit dat elke droom eens uit gaat komen, zo ook deze.

Privé-jet

Elke dag verbaas ik me weer als ik de kranten opensla. Heer Chavez was toch duidelijk? NEE, we investeren niets in de ISLA en NEE, geen verlaging van de benzine/diesel prijzen op Curaçao. Toch moet er een "zware" delegatie (misschien qua gewicht dan?) afreizen in een privé-jet naar Venezuela. Allemaal van ons zuur verdiende belastingsgeld. Stond niet pas geleden in de krant dat er voor december 2008 aan de milieu eisen voldaan moet worden en is die overeenkomst niet getekend door onze bestuurders? En nu gaat men naar Venezuela wetende dat er vele jaren over heen gaan voordat de upgrading gerealiseerd zou kunnen worden! Dus NOOIT binnen de gestelde termijn van December 2008? Wat ze daar gaan doen kan niet anders zijn dan hun eigen hachje verdedigen en veilig stellen.

Wat kun je met zo'n zwaar verouderde, gevaarlijke en stin-kende raffinaderij nog anders doen dan tot op de grond afbreken en gras over laten groeien? Hoe is het mogelijk dat onze bestuurders kost wat kost die afgeschreven oude roestbak open willen houden, dit tegen alle milieu-, veiligheids- en hinderwetregels in! Weer wordt er veel geld verspild, want zo'n privé jetje kost toch een leuke duit per trip, niet waar? De prijzen voor het huren van zo'n speelgoedje kost even tussen de 1750-2800 dollar PER UUR! Maar wij zijn een eiland van vele contrasten, dat is zeker. We vliegen met ons privé jetje over de crepcrende, hongerende, vergiftigde mede mensen om zo ons eigen hachje veilig te stellen. "Nos bestur"! Nou voor mij geen "nos" meer, dat is zeker.

Kunst voor het goede doel

Een tijdje terug werden diverse mannelijke kunstenaars benaderd om werk ter beschikking te stellen voor het Prinses Wilhelmina Fonds rond het thema "Prostaatkanker". In totaal hebben 32 kunstenaars hun werk ter beschikking gesteld en diverse hebben de totale opbrengst afgestaan aan het Prinses Wilhelmina Fonds. Maar wat bleek in de persberichten, dat er alsmaar werd gesproken over de plusminus 35 kunstenaars en werden er 8 zgn. "bekende" Antilliaanse kunstenaars vernoemd. Ik heb in de 40 jaren dat ik reeds kunstenaar ben al bij zeer veel nationale en internationale exposities meegedaan en waaronder ook 12 groepsexposities.

Nog nooit en te nimmer zijn er uit de groep enkele kunstenaars vernoemd geworden, maar werd altijd de complete lijst van kunstenaars gepubliceerd. Helaas is dat ditmaal niet het geval en bij navraag bij de galeriehoudster bleek dat ze verkoos enkele zeer "bekende" kunstenaars te noemen om zo de mensen te lokken! Is mijn vraag; Is dat zo? Want wie bepaalt wie bekend is of niet? Wie weet is die Jan Klaasen die zijn hart en ziel in zijn werk heeft gelegd, net zoals de 31 andere kunstenaars, wel juist diegene waar het grote volk op af komt? Waar het mij omgaat is het volgende, wij kunstenaars, 32 in het totaal, hebben allemaal hun hart en ziel gelegd in het werk wat wij afgestaan hebben aan het Prinses Wilhelmina Fonds. Wij hebben er veel tijd aan besteed en doen van harte deze gift. Is het dan niet normaal dat wij allemaal vernoemd worden? Wat overigens wereldwijd wel zou zijn! Het geeft voor de 24 niet vernoemde kunstenaars een wrange smaak waarom zij minder belangrijk zijn dan de 8 zgn. "bekende" kunstenaars zoals ik als antwoord mocht ontvangen.

Zakelijk? Nee, dat is het niet en het getuigt van disrespect naar de andere kunstenaars toe.

Voor de lezer van dit stuk en geïnteresseerden zijn hier alle namen op alfabetische volgorde en is te bezichtigen tot 5 juli in galerie Alma Blou ; Papi Adriana - Edy Baetens - John Baselmans - Herman van Bergen - Steve Bridgewater - Clemens Briels - Frans Brugman - Jose Maria Capricorne - Nelson Carrilho - Richard Doest - Didi Domatilia - Marcel van Duijneveld - Ralph Elisabeth - Jan Gilbert - Robert van Haren - Rien te Hennepe - Junius Isenia - Elis Juliana -Yubi kirindongo - Erwin Kranenburg - Henk Leue - Ashley Mauricia - Andre Nagtegaal - Arthur Oster - Philip Rademaker - Ced Ride - Roald "Ati" Schotborgh - Wop Sijtsma - Jan Toeter - Carlos Tramm - Anton Vrede - Joes Wanders.

Mede collega's, blijft creëren vanuit je hart en ziel. Want wij kunstenaars zijn geen commerciële instantie die aanrommelt om nog meer geld te verdienen.

Natuur, bah, vies!

Boeken kun je schrijven over onze overheid versus natuur. Maar helaas mag ik maar een beperkt aantal woorden hier op papier zetten. Je kunt toch niet meer de kranten openslaan of je ziet alsmaar geweld en het geweld tegen de natuur.

Ons uniek eiland met een geweldige vegetatie en begroeiing en ondanks de grote droogte hebben we bomen, samen met cactussen en dan maar niet te praten over de dierenwereld om ons heen.

Maar wat is er al geruime tijd gaande op dit eiland? Het woordje "geld" wat in zeer veel mensen als muziek in de oren klinkt. Geld, vier letters in deze combinatie, wat zowel menselijk maar ook de natuur kappot maakt. We vliegen even snel over ons eiland en wat zie je dan;

Een compleet kaal geschoren Barbara Beach wat voor het grote geld voor de "jetset" aangelegd is. Spaanswater waar elke meter vol gebouwd wordt want oooo we moeten op "stand" wonen en elke meter is veel geld waard.

Richting Banda Abou is Fontein om te huilen, kleine kaartenhuisjes die geplaatst worden mooi op een rijtje in een kompleet kaalgeschoren landschap. Waar momenteel de laatste begroeiing ook nog verdwijnt.

Praten we maar niet over de enkele kleine gaten die nog bij de kust open zijn en nog niet bebouwd zijn. Ook daar wordt ijverig links en rechts funderingen gezet.

Rif Marie, waar op de meest onmogelijkste plaatsen kapitale huizen worden gezet.

Saliña, waar de kraamkamer van onze zee is en waar mangrove systematisch worden gekapt door de lokale commercie.

Maar momenteel spant een bekende makelaar van het eiland wel de kroon door nog meer grond op te eisen dan zijn 18 hectare waar hij al een optie op heeft.

Nee, 18 hectare is niet genoeg en hij wil meer, meer en nog meer! Zelfs een van de laatste stukjes natuurgebied op Jan Thiel moet ook wijken voor nog meer geld! Het ergste is dat de zgn. eigen inbreng nog kennelijk ingebracht gaat worden door diegene die zelf die regel heeft opgesteld. Ja, ons zwaar verdiende belastinggeld wordt weer eens verkwanseld aan een projectontwikkelaar en zijn project. Ik dacht dat de overheid zijn lesje ondertussen geleerd had na al die tientallen miljoenen aan schadeclaims waar we nu nog steeds voor moeten dokken. Nee hoor, we blijven rustig doorgaan met geld strooien. Kennelijk is het motto van onze regeerders, Nederland draait wel voor de miskleunen van al die jaren op!

Ondertussen is er een deel wat zich niet kan verweren en dat is onze natuur. Natuur wat ons mens het leven, plezier en genot geeft en zelfs ons eten. Als dank slopen we letterlijk alles, onder en boven water, ALLES wat natuur is! Och mensen ik weet zeker dat diezelfde natuur ons eens zal overmeesteren. Of eigenlijk het is al op wereldschaal gaande, gezien de natuurrampen, de voedsel tekorten en de vele vreemde ziekten. Maar onze overheden willen dit nog niet inzien en blijven zwichten voor het grote geld. Geld waar we binnenkort niets meer mee kunnen doen omdat de natuur, die we zo geschopt hebben, geen voedsel meer geeft. Tijd, alles is tijd en ooo dat heeft onze natuur eindeloos en wij stervelingen maar vastklampen aan het stinkende geld. Wanneer zal ook onze overheid stoppen met ons laatste restje natuur en belastinggeld niet zo verkwanselen?

Juli 2008
Onze natuurlijke moeder

Wetenschappers verbonden aan de Universiteit van Tel Aviv hebben recent een grote ontdekking gedaan. Bij twee Zuid-Afrikaanse volkeren, de Khoikhoi en de San, is onderzoek verricht naar de mitochondriale DNA (de energiecentrale van een cel en uitstekend geschikt voor stamboomonderzoek).

Wat bleek is dat er rond 20.000 jaren geleden nog maar kleine groepjes mensen op aarde leefden. Daarna is, ongeveer 10.000 jaren terug, de mensheid vanuit Afrika zich snel gaan verspreiden over de gehele wereld! Ook stellen deze wetenschappers dat we allemaal van dezelfde "Eva" afstammen die 200.000 jaren geleden in Afrika leefde!

Dus, beste familieleden, vraag ik me af waarom we nu met zoveel haat en nijd naast elkaar leven, elkaar bedreigen, elkaar bedriegen en vermoorden? Ook is huidskleur nog steeds een groot issue en waar het ene geloof het ander geloof wil overtreffen. Maar waarom kunnen we niet gezamenlijk als een gezin een leven leiden, klaar staan voor elkaar en elkaar een helpende hand toereiken?

We zijn, en dat is wetenschappelijk bewezen, wel EEN familie en stammen af van die ene moeder uit Afrika. Misschien iets om over na te denken, zeker nu in deze tijd.

Dolfijn Nemo is heengegaan

Hoeveel van deze berichten moeten er nog verschijnen in de kranten? Plekje hier, schrammetje daar, een infectietje zus en zo. Zo gaan ze langzaam maar zeker, stuk voor stuk! Van hogerhand wordt er een langzaam aan actie opgevoerd en maken ze zich niet druk om wat spartelende diertjes in het water. Het probleem lost zich zelf wel op, is hun gedachte! Eens zullen ze allemaal verdwijnen, niet waar? Niet door ingrijpen van hogerhand maar domweg omdat deze dieren het niet meer halen in de geweldige bakkies waarin ze moeten leven. 30 jaren kunnen ze makkelijk leven, wordt er nog even gesteld en daar gaat er weer een, nu na 6 jaren.

Het was niet de eerste maar zeker ook niet de laatste. De natuur laat ons keer op keer zien dat we tegen haar schoppen, maar we blijven geblinddoekt volhouden dat alles ok is. Hoeveel dode dolfijnen moeten er nog volgen eer er ingegrepen gaat worden? O wacht, nog maar 17 en dan is het probleem vanzelf opgelost. Toch mooi makkelijk, vindt u ook niet?

Verslaving

Het lijkt er wel op dat het gehele eiland verslaafd is! Ho, ik hoor u al schreeuwen "Maar ik niet". Goed, dan bent u een gelukkig mens. Kijk eens om u heen wat o.a. de drugs allemaal doet op dit kleine eilandje. Oudere verslaafden op de weg, maar ook niet te verwaarlozen de verslaving onder de jongeren, "onze" jeugd!

Nu praat ik niet alleen over de hard drugs zoals heroïne, coke, base maar ook softdrugs zoals cannabis en hoe het allemaal genoemd wordt. Maar ik praat ook over de diverse "pep"pillen in alle kleuren en varianten.

En wat dacht u van het gebruik van alcohol die verschrikkelijke vormen aan het nemen is bij zowel de ouderen als bij de jeugd? Puur omdat ze allemaal menen dat er pas plezier is als er goed alcohol gedronken wordt.

Maar ik wil ook de gokverslaving aanhalen die geweldige vormen aanneemt. Er zijn weinig hotels waar geen casino aan verbonden is. Elk hotel wat er gebouwd wordt, moet er zonodig een casino bij hebben. Gokverslaving waar de ouderen maar ook de jongeren al 's morgens om 10 uur voor de deur staan met o.a. hun loonzakje en dan proberen van dat beetje geld een fortuin te maken. Even later komen ze naar buiten en gaan ze het proberen in een ander casino want deze geeft momenteel "bad luck'. Mensen die werkelijk zwerven van de ene naar de andere casino of gokplaats en zo voor astronomische bedragen in het krijt staan bij familie, vrienden of kennissen. Verslaafden die helemaal gebroken eruit komen want hun loon is voor die twee weken of die maand verspeeld.

Ik heb altijd begrepen dat je als ingezetene maar enkele malen per maand in een casino mag komen en heb dat eens uitgeprobeerd. Wat blijkt, ik kan alle casino's dag in dag uit bezoeken en niemand zegt me iets. Nu leven we op een eiland met zeer grote contrasten. Zou het onderhand niet eens tijd worden om de bevolking eens te laten inzien dat elk dubbeltje dat je steekt in een casino (vergokt) je minimaal twee dubbeltjes in de min komt?

Mensen, drugs, alcohol, pillen, roken en gokken zijn allemaal een verslaving, Als de bevolking zichzelf niet kan weren hiertegen waarom blijven onze bestuurders maar vergunningen geven en toelaten dat hun eigen bevolking de afgrond in gaat? Nee, erger nog onze overheid trekt de laatste dubbeltjes ook nog uit deze mensen hun zakken om "legale number" te spelen of lotjes te verkopen die dan dagelijks uitgebreid op de tv getrokken moeten worden! Daarnaast zijn er de zeer vele plaatsen waar nog eens illegaal bingo en/of welk "spel" dan ook gepeeld wordt (denkend aan honden of hanen gevechten en paarden wedlopen). Werkelijk niets wordt hier tegen gedaan.

Zelf ben ik meerdere malen miljonair! Ja, ja die Baselmans denkt u nu. Klopt, misschien niet in geld maar in geen schulden hebben! Schulden van drugs, alcohol, roken en/of gokken! Dat maakt mij een miljonair tegenover zeer veel medebewoners.

Alternatieve energie

De laatste tijd zien we regelmatig artikeltjes over alternatieve energie. Nu weet ik ook wel dat de olievelden, zoals ze beweren, aan het uitputten zijn en dat we eens zonder energie komen te zitten. Niet zo mooi en je merkt al dat mensen nerveus beginnen te worden en al kaarsen beginnen in te kopen. Maar bij het lezen van de artikelen, is er steeds een heel klein puntje wat zou verklaren waarom wind- en zonenergie het nog steeds niet halen. De kosten! Ja simpel, de kosten. Al die "high tech" figuren hebben de meest geavanceerde technieken uit de la gehaald om stroom op te wekken. De een nog indrukwekkenderdan de ander.

Het kan niet misgaan als je hun verkoop praatje moet geloven. Je bent in staat wel twee centrales te bestellen! Maar dan stel je een simpele vraag: "Wat gaat het me kosten"? Dan valt er een stilte. Meestal beginnen ze met een subsidie of financiering en dan komen de getallen op tafel. Eindresultaat; de onkosten zijn bijna het dubbele dan van de ouderwetse olie stinkende elektra fabriek van heden. Het dubbele, maar dan is het wel groene energie!

Nu heb ik wel groene lampjes op de porche hangen maar die kosten niet het dubbele! Ik vraag me af, als weer een of andere handelaar de volgende keer met een geweldig idee komt, kan hij dan eens een installatie leveren zonder subsidie, zonder financiering en dan liefst gelijk of liefst onder de prijs die we nu moeten betalen? Onze salarissen gaan door de groene energie niet omhoog en als kleine man is subsidie wel te vergeten. Dus misschien een uitdaging voor al die "high tech" figuren en slimme handelaren. Ontwerp eens iets wat WEL door de gewone consument betaalbaar is, dan kunnen we verder praten. Of het dan groen, blauw, geel of witte energie wordt, dat doet er niet toe.
Succes.

Benoemingen

Wat al een publiek geheim was en waar al zo veel artikelen over geschreven zijn. Waar zoveel diensthoofden zich over beklaagd hebben. Waar een Gouverneur het al in onderzoek had en terug ver- wees naar de bestuurders. Toch moest er een commissie komen die de laatste ruim 500 benoemingen moest onderzoeken.

En groot nieuws, ook deze commissie concludeert dat er geen enkele benoeming volgens de regels is verlopen. Overigens de regels die door onze regeerders allemaal zo mooi neergezet zijn om ons burgers in het rijtje te houden. Niet een benoeming dus! Maar wat nu? Want kunnen onze regeerders nog meer verzinnen om hun "vriendjes" allemaal met riante salarissen, de hand boven het hoofd te houden? Welke commissie moet er nu komen? Want misschien had deze commissie een verkeerde bril op, of waren ze niet goed geïnformeerd! Nu, het is duidelijk, de ruim vijfhonderd illegale benoemingen/werknemers moeten nu teruggedraaid worden. Deze mensen moeten naar huis gestuurd worden en opnieuw gaan solliciteren. Ook is het niet meer dan normaal dat deze mensen hun riante salaris moeten inleveren met terugwerkende kracht. Ze hebben het op een illegale manier verkregen. En illegale acties zijn verboden zoals onze regeerders stellen in wetten en regels die ze zelf vertegenwoordigen. Wetten en regels waar wij burgers wel aan moeten voldoen maar kennelijk zijn deze personen daarboven verheven en is er een "free for all"!

Het wachten is wat er nu gaat gebeuren, maar ik vrees het ergste en ook dit zal weer in de doofpot verdwijnen. Net zoals vele zaken, enkel en alleen om hun "vriendjes" en zo zichzelf te beschermen.. Naar huis mensen, ga naar huis en probeer eerlijk aan werk te komen. Zoals wij burgers allemaal hard moeten werken voor een plaats in de maatschappij.

FZOG, Upha toch mensverlakkerij?

Bent u ook een overheidsgepensioneerde en betaalt u een fikse FZOG (onderdeel SVB) premie en misschien ook lid van de UPHA? Dan zitten we dus allemaal in hetzelfde schuitje. Maandelijks krijgen we ons pensioen binnen. Op de specificatie staat oa. vermeld je premie aan het FZOG en UPHA. Maar dan komt het addertje, we gaan naar een dokter, ziekenhuis, tandarts of specialist en wat krijgen we te horen "We behandelen geen patiënten van FZOG" met alsmaar de regel daarachter "Ze betalen nooit of alleen via een rechterlijk vonnis. Sorry meneer u moet alles zelf voorschieten!"

Goed, als gepensioneerde ga je dan naar "onze" bond want uiteindelijk moeten die voor je opkomen. Niet waar? Dat is een desillusie, want deze bond heeft het alleen druk met het organiseren van feestjes en uitstapjes! Het motto is kennelijk " We gaan samen feestend ten onder". Maar wat blijkt, de grote man van de UPHA bekleedt 3 petten! Hij zit nl in de APNA, voorzitter UPHA en grote man FZOG!! Ja, u leest het goed, één man maakt overal kennelijk de dienst uit. Probeer maar eens contact te krijgen om een eigen betaalde rekening na een jaar terug te ontvangen. Dan is deze man dag en nacht in vergadering! Kan overigens ook niet anders, want als je 3 petten op hebt moet je je wel het apelazerus rijden en praten! Dus de volgende stap overheid schrijven, minister volksgezondheid en wat blijkt, wij gepensioneerden zijn VERPLICHT de premie af te dragen aan het FZOG, we mogen niet een eigen verzekering afsluiten! We kunnen niet weigeren de FZOG premie te betalen! Nu breekt werkelijk mijn klomp. Want buiten een UPHA die mij geld maandelijks inhoudt, met bestuursleden die een confrontatie niet aandurven, is er een FZOG die een groot deel van ons pensioen inhoudt en zijn wij als gepensioneerden NIET VERZEKERD! Al blijven de FZOG en Minister anders beweren. Enkele telefoontjes naar artsen en ziekenhuizen bevestigen dat wij alles zelf moeten voorschieten. Hoe moeten we die hoge rekeningen betalen met een armzalig pensioentje?

Maar wat erger is, is dat de overheid deze wanpraktijken openlijk toelaat en zelfs erin mee speelt! Net zo als die ene man 3 petten kan dragen en beslist bij de UPHA als FZOG en een vinger heeft in de APNA. Wij gepensioneerden zijn domweg niet verzekerd en hebben geen functionerende bond die voor hun leden opkomt en confrontaties aangaat! Wanneer gaan onze regeerders dit soort wanpraktijken aanpakken en geven ze de oudjes waar ze recht op hebben? Of heeft u ook misschien een pet op bij deze instanties? Of vindt u het heerlijk te verschuilen achter een SVB? Wij gepensioneerden hebben geen grote buidels met geld onder ons bed en wij kunnen niet en een verzekering, bond en alle doktoren rekeningen zelf betalen. Hebben wij geen recht op een menselijk bestaan en hulp en bijstand bij pijn en ziekten? Wie, o wie gaat deze mensverlakkerij eens eindelijk aanpakken?

Premie heffen en lidmaatschapsgeld aannemen en niets voor terug doen is steeds meer de gewoonste zaak aan het worden. We wachten want wij oudjes zijn geduldig, maar svp niet te lang want dan liggen we al diep onder de zoden. Kost u dan wel minder maar is het probleem niet mee opgelost. Want ook u zal later in deze rij komen te staan. Wanneer worden wij, overheidsgepensioneerden, nog gesteund door een bond en verzekering? Schande dat anno 2008 dit nog mogelijk is en dan maar zeggen "Wij kunnen alles zelf regelen!" Is dat werkelijk zo? In ieder geval niet voor onze oudere generatie.

Dierenleed Banda'bou

Al geruime tijd maak ik melding van het dierenleed hier op Banda'bou. Vele meldingen zijn al richting de Dierenbescherming gegaan maar die doet gewoon niets en blijft heerlijk vanuit hun airco opereren. Honden hebben hier een hondenbestaan en ze zitten aan zeer korte lijnen, driehoeken om hun nek en die loslopen worden vergiftigd met de bekende bolletjes (dos pasitos) die zo'n slachtoffer binnen een minuut een verschrikkelijke dood in laten gaan.

Dit weekeinde was er weer een slachtpartij in een van onze zandweggetjes en je kunt op de foto's zien dat het grondig is gedaan. De weg was een dodenpad en de dan nog levende honden blaffend in een oude ton of een lijn van nog geen meter! Je hart en ziel draaien om en praten heeft weinig zin of zet veel kwaad bloed.

Ik word moe om alsmaar het verhaal van de Dierenbescherming aan te horen dat ze zoveel werk doen. Ik word moe om de leugen dat er geen geld is aan te horen. Wel zien we dagelijks om ons heen hoeveel dierenleed er hier op Banda'bou is waar de Dierenbescherming Curaçao totaal NIETS aan doet en hun ogen voor sluit. Daarom wil ik deze foto's de wereld insturen om aan te tonen dat Dierenbescherming Curaçao alleen maar in de stad "aanwezig" is maar zeker niet op de rest van het eiland.

Da's snel!

Kijk, dat is nu een voorbeeld geven aan ons burgers. Een straatnamen bord is enkele weken geleden vernield en onze gedeputeerde (infrastructuur) heeft persoonlijk toegezien dat het weer allemaal netjes en correct geplaatst is. Perfect! We gaan werkelijk vooruit op dit eiland. Wat een voorbeeld en wat een service naar ons burgers toe! Oooo, wacht even, het is dezelfde achternaam van die gedeputeerde als die van de straat. Zou dat het zijn waarom het in een nood tempo opgeknapt is, en ook nog van onze zuur betaald belasting geld. Dat verklaart waarom wij burgers wonende op de weg tussen Pannenkoek-Bou'Barber al ruim twee jaren wachten op een oplossing tegen die wegpiraten die over een landelijke eenbaansweg met ruim 100 km per uur rijden en onze kinderen dagelijks in gevaar brengen. Werden ook zo alle beloften van DOW eens uitgevoerd die we schriftelijk hebben mogen ontvangen. Het ligt dus aan de naam van de straat! Vreemd is ook dat diezelfde partij wel over het gehele eiland tijdens verkiezingen veel straatmeubilair bekladt en vernielt maar dat wordt nooit of te nimmer opgeknapt of vervangen.

Onderscheid moet er zijn, maar ik stel voor om alle namen van onze kaya's, straten, zandpaden om te dopen naar die ene familienaam zodat we allemaal weer over begaanbare wegen met deugdelijk straatmeubilair kunnen rijden. Het hoeft niet allemaal binnen enkele weken hoor, maar misschien wat sneller dan de twee jaren waar wij burgers op wachten!

Met de bijbel in de hand

Kijk, we weten dat de politici het vreselijk druk hebben en niet alles zelf kunnen uitzoeken en lezen. Zo hebben deze mensen adviseurs die onze politici behoren bij te staan en hen van een goed advies dienen. Toch vraag ik me af hoe deze adviseurs te werk gaan en niet erg hun "eigen" visie opdringen.

Er wordt al weer vreselijk veel geschreven en gepraat over het onderwerp homo's en lesbiennes. Mensen zoals u en ik van vlees en bloed met de zelfde kleuren en zelfde energie die we allen uitstralen. Allemaal mensen die ook iets voor de bevolking willen doen en zich inzetten in de huidige maatschappij. Wat wil nou het geval zijn, we hebben een kerk die zich in alle bochten wringt om deze mensen te weren en het leven onmogelijk te maken. Ik heb altijd gedacht dat politiek niet kerk gebonden is maar dat is kennelijk anders. Vreemd genoeg is het die kerk die een boek raadpleegt dat de bijbel heet. Die bijbel die reeds lang veel haat en nijd verspreidt, veel oorlogen op zijn naam heeft staan en allemaal onder het mom van een of ander geloof, kerk of overtuiging.

Ik ben geen politici en ben al geruime tijd aan het grasduinen wat geloof en alle geschriften inhouden. Wat blijkt, de bijbel is een boek dat al 20 eeuwen lang herschreven is door vele "wijzen" en alsmaar aangepast aan de wil van hogere personen.

Het woord "God" ligt bij deze mensen voor in hun mond en wordt te pas en te onpas gebruikt. Ik wil niet ingaan op het woordje God maar over de bijbel die geschreven is, volgens velen beweren, door de apostelen die rond en met Jezus geleefd hebben.

Wat blijkt nu, sinds er oude geschriften opgedoken zijn, leggen die bloot dat de bijbel pas rond het jaar 313 geschreven is in opdracht van Romeinse keizer Constatijn. Hij wilde dat er één geloof in zijn rijk kwam. Zo onstonden er in 325 de twee Credo's (Het apostolische- en het credo van Nicea). Rond half de 19de eeuw doken de Codex Sinaiticus geschriften op, die gevonden werden in een oud klooster. Het waren 14.800 aantekeningen en wat bleek was, dat al in de eerste bijbel veel geschrapt en verzwegen werd. Ook bleek dat de toenmalige bijbel geheel anders was en vele geschriften waren niet meer juist, vele geschriften waren erbij gevoegd. In 1945 werden de "Nag Hammadi-geschriften" gevonden en twee jaar daarna 1947 de "Dode Zeerollen". Deze geschriften gingen 22 eeuwen terug in de tijd en daarin werden de verhalen van Jezus Christus vrij direct en zuiver weergegeven terug gevonden. Zeker niet zoals de huidige bijbel het verkondigt. De bijbel van heden ten dagen is zoveel herschreven dat de werkelijke essentie nauwelijks meer terug te vinden is. Het Vaticaan zwijgt in alle talen hierover en blijft vasthouden aan het boek dat de kerkelijke wet voorschrijft; de bijbel.

Om terug te komen naar de oorsprong van het geloof. Vele schokkende verklaringen zijn aan het licht gekomen maar wat ik even voor onze politici uit wil halen is dat Jezus Christus zelf heeft aangegeven dat er maar een doel in het leven is. En dat is, dat we samen met alle rassen, alle geloven, alle kleuren en alle overtuigingen als MENS moeten leven zonder haat en nijd en zonder allerlei vernederingen. Wij mensen moeten elkaar liefhebben en elkaar verdragen zoals we zijn. Deze pure woorden zijn de uitgangspunten waar Jezus Christus voor geleefd heeft en ook voor is gestorven. In de oude Nag Hammadi-geschriften, de voorloper van de bijbel staan deze pure woorden nog.

Het is eens aan te raden om eens te gaan verdiepen wat werkelijk geloven is. Dan komt u er achter dat het niet de bijbel is of welk geschrift dan ook die het ware woord verkondigen. Deze boeken worden enkel en alleen gebruikt om te vechten en moorden in Gods naam.

Laat uw frustraties en verkeerde inlichtingen niet toe leiden dat u anderen veroordeelt of kleineert. Geloven is elkaar liefhebben, respecteren, welk ras, welke overtuiging, welke kleur, welke taal of wat dan ook. Wij zijn allemaal hetzelfde, wij zijn een mens van vlees en bloed die voor elkaar er moeten zijn en liefhebben.

Boeken geschreven door John Baselmans:

Drawing courses

Drawing course John Baselmans   ISBN 978-0-557-01154-4 (Soft cover)

The secret behind my drawings   ISBN 978-0-557-01156-8 (Soft cover)

The world of drawing humans   ISBN 978-0-557-02754-5 (Soft cover)

The world of drawing humans (bl/w) ISBN 978-1-4092-5186-6 (Soft cover)

Other books

Moderne slavernij in het systeem   ISBN 978-1-4092-5909-1(Soft cover)

Eilandje bewoner   ISBN 978-1-4092-1856-2 (Pocket)

Eilandje bewoner - Luxe edition   ISBN 978-1-4092-2102-9 (Hard cover)

Eilandje bewoner Part 2   ISBN 978-0-557-00613-7 (Pocket)

Eilandje bewoner - Bundle   ISBN 978-0-557-01281-7 (Soft cover)

World of positive energy - Illustrated ISBN 978-0-557-01281-7 (Soft cover)

U kunt deze boeken bestellen via de website;
http://www.johnbaselmans.com/Books/Books.htm